자화상

문학의전당 · 시인선 129
낙타와 모래꽃

초판인쇄 2012년 3월 20일
초판발행 2012년 3월 26일

지 은 이 윤고방
펴 낸 이 김충규
펴 낸 곳 문학의전당
출판등록 제387-2003-00048호(2003년 9월 8일)

주 소 420-752 경기 부천시 원미구 상동 392 한아름마을 1511-1603
편 집 실 121-718 서울시 마포구 공덕2동 404 풍림VIP빌딩 413호
전화번호 02-852-1977
팩시밀리 02-852-1978
전자우편 mhjd2003@naver.com
블 로 그 http://blog.naver.com/mhjd2003

I S B N 978-89-97176-25-0 03810

낙타와 모래꽃

윤고방 시집

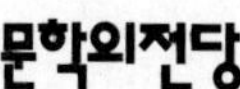

| 시인의 말 |

젊은 시절 시단에 나오면서, "이 세상에 다시는 태어나지 않기 위해서 목숨 걸고 힘껏 살겠노라." 호기 있게 외쳤더니, 아니 이 좋은 세상을 왜 그리 미워하느냐고 묻길래 그냥 먼 산 보고 미소 지었다.

쉬운 인생을 살고 싶다. 편안한 시를 쓰고 싶다. 귀신 씨 나락 까먹는 소리는 싫다. 여러 가지 말고 단 한 가지만이라도 똑 부러지게 제대로 해서 처자식 등 따시게 해 주고 싶다. 그런데도 자꾸 헛것이 보이니 웬일이냐. 주름살은 어디서 오고 흰 머리는 어인 친구인가.

이 세상에 다시 태어나지 않을 자신이 점점 없어진다. 멀지 않은 다음 생애엔 노을이 던지는 한 줄 시로나 태어날까 부다. 깊은 밤을 지새는 사람 옆에 흐르는 한 줄기 적막으로

| 차례 |

시인의 말

1부

13 | 낙타와 모래꽃 1
15 | 낙타와 모래꽃 2
16 | 낙타와 모래꽃 3
17 | 낙타와 모래꽃 4
19 | 낙타와 모래꽃 5
21 | 낙타와 모래꽃 6
22 | 낙타와 모래꽃 7
24 | 낙타와 모래꽃 8
25 | 낙타와 모래꽃 9
26 | 낙타와 모래꽃 10
27 | 낙타와 모래꽃 11
28 | 낙타와 모래꽃 12
29 | 낙타와 모래꽃 13
30 | 낙타와 모래꽃 14
32 | 낙타와 모래꽃 15
33 | 낙타와 모래꽃 16

2부

37 | 천안함이여 말하라
40 | 너에게로 가는 길 1
41 | 너에게로 가는 길 2
42 | 수술실에서
44 | 이승과 저승
46 | 당신의 침묵
48 | 꽃제비는 살아 있다
49 | 두 겨울 풍경
51 | 눈먼 사랑과 가벼운 평화
52 | 착한 눈망울을 애도함
54 | 겨울 안개 그림자
56 | 잡초들아 미안하구나 3
58 | 망촛대 단상斷想
60 | 도라지밭의 이별
61 | 쓰나미의 두 얼굴
64 | 달팽이의 꿈

3부

67 | 하늘은 잊지 않는다
70 | 백두산 천지에서 1
71 | 백두산 천지에서 2
72 | 당신은 누구신가
74 | 연변 아가씨
76 | 두만강을 바라보며
77 | 북한강 소야곡 3
79 | 어디 그뿐입니까
80 | 여름날의 동굴 벽화
82 | 행여 그런 말씀 마시게
84 | 바람 휘모리
86 | 머슴애와 가시내
87 | 잊혀진 불길
88 | 소녀는 어디 갔을까
90 | 장작 한 무더기 던져 넣기
96 | 불어라 연 바람

4부

97 | 먼 동
98 | 시인과 소주잔
100 | 조선 항아리의 전설
102 | 편안무쌍한 자유인
104 | 꿀벌 농부
106 | 거울 속 형님
107 | 세한도의 별빛
108 | 열려라 꿈길
110 | 봄날에 꿈꾸다
112 | 이별 증후군
114 | 강아지 나무
116 | 달려오는 그대
118 | 너의 이름
119 | 유리 구두
120 | 겨울 순대를 씹으며
122 | 망년회와 라면
124 | 거지 공주

해설_최선옥

125 | 고독한 실존의 내면 성찰과 자아 찾기

1부

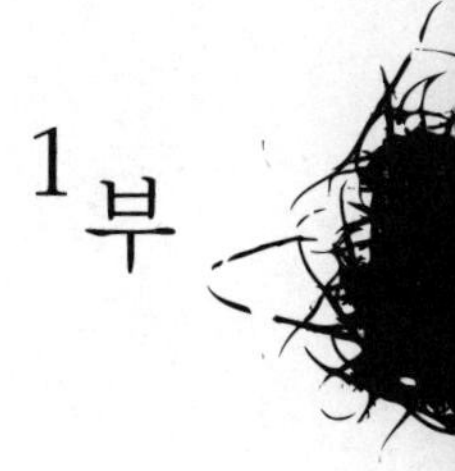

낙타와 모래꽃 1

얼마나 기다렸던가
오직 당신을 만나기 위해 떠난다
낡아서 먼지가 되어 버린 수첩 속에서도
또렷이 다시 살아나오는 그대의 음성
벌써 여러 번의 가을이 지난 후
골방 귀퉁이에서 발견된
산화한 귀뚜라미의 식지 않은 눈동자
이국의 노을이 되어 수직 암벽에 걸린
알피니스트의 아름다운 주검

우리는
모두 눈 부릅뜨고 기다린다
평면을 거역하는 수직의 눈바람
빙벽을 오르는 소슬한 설레임
발목을 휘감는 무색 안개거나 오색구름일지라도
자일 끝에서 울려오는 신호란 신호는 모두
내 붉은 살덩이와 닿아 있는 신경 줄이라면 모두
정육점 철 고리에나 꿰어 두어라

떠나자

남루한 기다림을 벗어 놓고 떠나자
맛 좋은 휘파람 몇 소절 데리고
우리 집 강아지처럼 오직 한 사람만 사랑하는
오래오래 당신이 손짓하던 곳
동굴에 내리 걸린 비단 빙벽을 오르자

낙타와 모래꽃 2

경계 밖은 언제나 방황이었다
흔들리지 않는 천지가 없듯
그 안에서는 떠돌지 않는
땅도 나무도 목숨도 없었다
돌아와 자물쇠를 걸어 잠근
문 안쪽의 고요한 풍경마저도
방석 밑으로는 수없이 탐욕하는
육신의 무리들이 방문을 지키고 있어
경계란 결국 경계에 불과하다는 것
동굴 밖으로 난 길이 보인다
떠남도 돌아옴도 모두 한데 얽혀
겹쳐 보이는 오롯한 외길
바람마저 숨죽이고 앉았다
구름 너머 소슬한 절벽 위
정적 속에 피어나는 꽃잎 하나

낙타와 모래꽃 3

종일토록 모래 바람 속을 걷는다
때도 없이 광풍이 일어
붉은 모래산들이 우뚝 일어서더니
한꺼번에 쏟아져 넘어진다
아지랑이 뜨겁게 쌓이는 언덕 위에
마천루로 솟은 소금기둥 하나
청록의 바다를 향해 달려가고 있다

기둥 벽면에 박힌 거울 속에
수염이 허옇게 바랜 낙타 한 마리
지도에도 없는 가시덤불을 헤쳐
푸른 나무 한 가장이 물고 있다

모래꽃이 피어 있는 곳을 가르쳐 다오
신기루 향기는 사구砂丘에 가득한데
아직도 새로이 뛰기 시작한 맥박을
한 아름 안고 있는 발자국은
묻혀 버린 발자국 위에
쌓이고 또 쌓이고

낙타와 모래꽃 4

어둠 속으로 더 깊이 들어간다
이상하게도 갈수록 짙어지는 건 밝음이다
석주마다 오두막집 등불들이 길을 밝히고
길바닥엔 황토 먼지 대신에
기화요초들이 낯선 웃음으로 반긴다

　버스들은 돌아 앉아 엔진을 식히고 있고
　전철은 긴 꼬리를 접고 잠자리에 들었다

발걸음을 따라오던 출구의 빛이 사라질 무렵
어디선가 에코의 맑은 음색으로 울리는
길들이지 않은 짐승들의 온갖 숨소리 가득하다

　자정 뉴스에서는 전봇대가 졸음에 못 이겨
　티브이 화면을 모두 꺼 버리고
　휴대폰도 제풀에 겨워 눈을 감았다 한다

텅 빈 우주에 울려 퍼지는 짐승들의 울음소리는
희고 푸른 불길이 되어 동공을 밝힌다
기름이 번질번질한 자작나무 형틀이 보이고

오래전에 잡혀 온 노련한 연금술사들의
행복하게 영면한 흰 뼈들이 보인다

만나고도 서로 알아보지 못하는 두 풍경은
오늘도 동굴 문 앞에서 마주보며 웃고 있다

낙타와 모래꽃 5

아무도 놓아 주지 않는다
아무도 너는 너라고 속삭여 주지 않는다
그 누구도 저기가 너의 자리라고
몰래 귀띔해 주지 않는다
그믐밤마다 탈옥을 꿈꾸었다
먹물 빛 파도 속에 떠 있는 절벽 위에서
바위를 안고 뛰어 내렸다
바위는 으스러진 육신을 껴안아
향기로운 이끼로 낭자한 피를 닦아 주었다

얼마가 지났을까 실눈을 뜨고 바깥세상을 보니
빙 둘러 선 지상의 물새들이 종알거렸다
다시 돌아올 수밖에 없을 걸

물에 젖은 단추를 아무리 여며도
저고리는 바람에 여전히 펄렁거리고
갈가리 찢긴 바지 지퍼를 잔뜩 움켜쥔 채
두 팔을 아무리 흔들어도
기다리는 배는 닿지 않는다
이제는 아무리 기다려도 이제는

녹슨 철근으로 굳게 닫힌 천정을 뚫고
여윈 새 한 마리 날려 보내는 수밖에

낙타와 모래꽃 6

구부려도 구부려도

팔뚝이 닿지 못하는

땅 끝 아래 거기는 어디

발가락을 뻗고 뻗어 발돋움해도

시선이 가 닿을 수 없는

하늘 끝 거기는 어디

얼굴 감추인 아버지가

뒷짐 지고 저만큼 앞서가는

손금도 없는 어머니가 몰래몰래

눈물 훔치며 뒤밟아 가는

거기는 이 세상 어디

낙타와 모래꽃 7

잃어버린 꿈속에서 잠시 보았다
시계추는 중력 속에 깊이 내려앉고
태엽 소리는 비로소 숨을 죽였다
악몽이라고 지껄이는 소리가 들린다
선몽이라고 수군대는 소리가 들린다

지상의 온갖 나무들이
계곡의 그림자를 밟으며
낙엽들을 잠재우고 있을 무렵인가

가파른 산등성이를 넘어온 달빛이
온 몸뚱어리가 피투성이가 된 채
물커덩거리는 똥 덩어리를 뒤집어 쓴 채
손꼽아 한평생 기다리던 꿈속에서
눈썹이 없는 문둥이 하나
새끼 하나 얻었다 면서
애기 하나 먹었다 면서
방금 비워낸 자궁을 핥고 있다

집안 말아 먹을 시 한 수 얻었다고

멀쩡한 미역국을 처먹나
돌아앉은 먼 산 바위가 중얼거렸다

낙타와 모래꽃 8

당신은 늘 거기에 있다
문을 열어도 닫아도
경계는 언제나 그곳
노을 실은 구름 한 점
잠시 거기에 머물 뿐

등불을 들고 당신을 찾던 사람들도
하나둘씩 자취를 감추었다
닳아빠진 문풍지는 바람을 따라 떠났고
나무 창살들이 힘줄을 엮고 서 있던 자리마다
달빛은 푸른 회상에 젖어

당신은 오늘도 달빛 자리에 그대로 서서
침묵으로 어둠을 지키는데
모두들 찾아 헤맨다 등불도 없이

대낮에만 꿈을 꾸는 동굴 박쥐 한 마리
가위 눌려 아래로 떨어진다
깊은 샘물 속에 풍덩 빠진다
평생 처음 마시는 단꿈 같은 물맛

낙타와 모래꽃 9

등쌀에 떠밀려 갈 수는 없다
왜 그리도 무모한 맹세를 했던가
멱살 잡혀 끌려가야 했는가
허울 좋은 곡조는 아니었던가
창백한 소년기의 책장 너머로
오래오래 스며 나오던 불빛
끊어질 듯 희미한 목소리를 따라
수줍은 눈길을 마주치다가
거친 숨결을 몰아쉬며
온몸을 던져 부딪쳐야 했는데
음습한 벽을 뚫고
등신대로 못 박혀야 했는데
돌부리에 채이고
모서리에 찢기고
이마는 선혈이 낭자해도
생애 단 한 번도 도달하지 못한 곳
눈물 속에 꿈꾸어도 가 닿지 못한 곳

낙타와 모래꽃 10

눈만 감으면
만원 전철을 타고도 그곳으로 간다

그곳에는 긴장 풀어져 길게 누운 태엽들이 잠들어 있고
세월을 풀어내는 회억의 오솔길을 지나
마침내 막다른 벽에 이른다

불타 버린 화면 속에서
풀 먹인 유백색 모시 치마를 입고 오시는 할머니
산신령의 신당 안에서 끝내 나오기를 거부하신 할아버지
누덕누덕 기워 놓은 무지개 뒤에 평생 고개 숙인 어머니
강파른 눈빛으로 먼 하늘을 쏘아 보는 아버지의 유리 액자는
산산이 부서져 난반사의 봉당 바닥에 쏟아져 내린다

단지 그곳에는 찔레 향기가 남아 있다
불볕더위로 쪄낸 한 방울 한 방울의 눈물로 길어 올린
내 핏줄의 마지막 샘물 그 맑은 샘물 한 모금이
달고 맛있어서 나는 행복하다
동굴의 막다른 벽에 이르러
더는 갈 곳이 없어 나는 행복하다

낙타와 모래꽃 11

까마아득한 천정엔 언제나
소리개 한 마리 떠 있다
공중이 아무리 우주로 열려 있어도
중력의 연줄에 발목이 감겨
동굴 바닥 깊은 우물 속에는
피 묻은 깃털이 한 움큼씩 쌓여 있다

청량한 바람 불어오는 우주 끝에서
너의 발자국이 찍힌 우물 바닥까지는
이승과 저승 사이라도 좋다
이승과 저승 사이가 아니라도 좋다
단지 두꺼운 가슴 한 겹을 뚫고
하늘과 땅 사이를 활강하라

혈흔 낭자한 깃털일수록 갈기를 세워라
눈 부릅뜨지 않아도 되느니
잠시 눈을 지그시 감고 이륙하라
눈두덩이 환히 밝아오는 때를 기다려
날아라 힘껏 날아 올라라

낙타와 모래꽃 12

대낮의 눈부신 광속을 넘어
나를 태우고 떠난 우주선은
도심을 가로지른
어둠의 천둥소리를 뚫고
빛의 번개들을 무찌르며 달렸다
별똥별의 소낙비를 맞으며
천 년의 시간을 껴안고
행성의 나비는 안착하였다

위로는 머리카락이 편안하고
아래로는 발가락까지 모두 무사하다
나 여기 있소 하고
아우성치는 오장육부 하나도 없이
천왕성을 지나 은하수를 건너
블랙홀을 한 바퀴 휘휘 돌아
유람을 하고 왔으니

나의 우주는 오늘도 영원하구나

낙타와 모래꽃 13

모서리가 날 서 있는 크레파스로
한 소년이 아빠 얼굴을 그린다
어디서 본 듯한 타원형 하나를 그려 놓고
눈 코 입 귀가 없다
도화지도 따라서 잠시 말이 없다
세월이 수없이 요동을 치며 흘러도
거울은 끝내 말이 없다

수십 년이 지나서야 소년은
다시 엄마 얼굴을 그린다
크레파스는 닳고 몽당자루가 되었다
기억이란 기억은 모두 날려 보낸 채
흐트러진 머리카락을 줍고 있는 여인
거울 속은 휑하니 비어 있지만
고개를 떨군 사내 하나
투명한 거울 속에 그림자로 남아 있다

낙타와 모래꽃 14

어둠 속에서 물결이 부서진다

금시라도 지워질 듯 불을 깜박이며

항구로 들어오는 작은 배 하나

아득히 보이지 않는 바다 저편에서

통통거리며 돌아오는 저 작은 배는

박제된 내 얼굴 위에 정박한다

이 밤 자면 배는 다시 떠날 것이다

침묵의 정박 뒤에 남겨지는 것은

떠오르지 않는 그림자의 얼굴이다

그릴 수 없는 바람의 음성이다

끝내 근원을 알 수 없어

그리워할 수 없는 내 얼굴이다

낙타와 모래꽃 15

낮은
지붕 너머
기쁠 때나
슬플 때
멀고 먼
하늘 향해
천방지방
달려가는
꿈이란
철부지가 있다면
나는 그놈을
후회 없이
평생
주인으로
섬기겠노라

낙타와 모래꽃 16

행여 아무도 찾지 않기를
길을 잘못 든 철새 한 마리 날아들 뿐이기를
문설주에는 먼지가 켜켜이 쌓이고
바닥엔 절지동물 몇 마리가 한가로이 기어 다니기를

감히 틀고 앉지 못하는 성스러운 가부좌 곁에다
게으른 육신 한 켤레 벗어 놓고
오만한 오감에 절어 빠진 오장육부를
육각수 냇물에 씻어 헹궈 말린 다음에야
골방 문 밖을 나설 수 있기를

숨 막히는 출소일에는
눈두덩이 부서지는 햇살 대신에
맑은 달빛 받은 소금 한 됫박이 정수리를 타고 내려
발가락 끝까지 온몸을 씻고 가슴마저 씻어
백 년 동안 썩어 문드러진 정화수 한 모금 얻어 마시고
동굴 문을 기어 나갈 수만 있다면

2부

천안함이여 말하라

–인당수*에 고告함

난데없는 꿈속이로구나
인당수 아련한 꿈속이렸더니
물결 사나운 바위섬 아래
웬일이냐 차가운 암흑 속이로구나
꿈이란 원래 아름답고 따스하련마는
눈먼 아비 사랑하는 마음이 한없이 뜨거우련마는
비원悲願이 아직 풀리지 않은 탓이더냐
차라리 단 한 번 꽃피우지 못한 처녀 가슴속
차갑더라도 심청이가 품어 주는 아름다운 꿈속이기를

거친 바람, 차가운 물결에 휩싸인 채
온 세상 바다 억만 근 쇳덩이에 눌려
그대들을 덮고 있는 무량한 어둠의 무게가
수천만 우리들의 가슴을 짓누르고 있는 멀건 대낮이
가위 눌려 숨 막히는 칠흑 밤중이 벌써 며칠이더냐
당신들과 우리들이 품고 사는 꿈이 다르지 않으니
이리도 차갑고 무거운 악몽 속에
우리가 함께 던져졌구나

당신들이 생전에 지녔던

푸른 꿈은 그 얼마나 눈부셨더냐
창망滄茫한 물굽이마다 넘실대던 그대 모습
자랑스런 아빠의 꿈이 얼마나 가슴 벅차고
사랑스런 남편의 꿈이 얼마나 애틋이 그립고
아들의, 형님의, 오빠의 꿈은 또 얼마나 탐스러웠더냐
청이의 어제 눈물과 그대들의 오늘 꿈이 어찌 다르랴
어버이를 향한 꿈과 어버이의 나라를 향한 꿈이 어이 다르랴

2

그리하여 바다여
사나운 바람, 차가운 물결이여
이제 그들을 풀어 주시라
비원의 자물쇠를 풀고 놓아 주시라
당신의 손끝에서 곧 따사로운 봄길 열리듯
그들의 못다 한 꿈길 열어 주시라
아직 다 풀지 못한 눈물과 한숨
모두 후련하게 씻어 주시고
아직 다 불태우지 못한 사랑
모두 가득 채워 주시라

자애로운 하늘이시여
바다의 혼백으로 다시 태어날 그대들이여
당신들을 죽음의 깊은 수압에서 건져내지 못한
우리들의 무위무능無爲無能을 꾸짖되
차갑고도 너그러운 눈물로 용서하시라
단지 태만한 자 있거든
다만 교활한 자 있거든
물결 뒤에 숨어 웃는 자 있거든
결코 용서하지 마시라

정녕 눈 감지 못한 그대들이여
천만 근 가위꿈에서 이제 깨어나라
지엄한 귀대 명령마저 훌훌 벗고 가벼이 나오라
정든 천안함 밑바닥 좁은 통로를 헤엄쳐 나와
지상의 꿈에서 천상의 꿈으로 이어진 환한 길로,
백옥같이 눈부신 치맛자락 날리며
청이의 아름다운 꿈길을 따라
너울너울 장하게 걸어나오너라
천 년의 연꽃으로 피어나거라

* 인당수 : 천안함이 침몰한 백령도 인근 해역은, 고대소설 '심청전'에서 효녀 심청의 전설이 깃든 물결 거센 바다임. 〈2011. 4. 14 중앙일보 게재〉

너에게로 가는 길 1

안개 자옥한 봄날이었던가 난생 처음 너에게로 가는 길은
구릉 계곡 할 것 없이 연분홍 진달래가 지천이었지
가슴이 온통 구름 사탕으로 녹아들어 빛나던 액자 속의 바다
멀리서 쏟아져 내리던 물결은 만조를 향해 치솟았고

길 위에 그녀의 영혼이 보이더군 사실은 떨고 있는 나의 육신이었지만
문틈을 조금 열고 손을 내밀며 아스라한 이승 길 위에 웅크린 채
떨고 있는 영혼을 향해 활시위를 힘껏 잡아당겼지

싱싱한 피를 흘리며 달려가는 화살들이 보였어
화살이 그녀를 만나러 가는 길은 늘 구름바다 저쪽이었다네
풍우의 바다를 건너며 화살은 더 많이 빗나가서는
수평선을 안고 떨어졌지 불꽃놀이를 마친 잿덩어리들이
상처 위에 상처를 되비치며 떨어져 내리는 게 모두 보였으니까

너에게로 가는 길 2

지난여름은 비옥했네 소매를 스쳐 영영 가 버렸기에 더욱
목마른 대지를 흠뻑 적신 소나기 천둥 번개 무성했던 여름날은
어느새 저물고 오늘은 매운 국화 향기 마시며 너에게로 간다

그믐달 아래 창백한 부끄러움으로 몸을 감싼 채 그녀는
시들어가는 안개꽃 한 다발을 침대 난간에 걸어 두었더군
이승과 저승이 겹쳐 보이는 창가엔 눈물만 얼룩진 게 아니었어
마지막 연자색 노을빛이 제법 어여쁘게 우러나오던 걸

나는 허리춤에서 숨 쉬고 있는 살점 한 덩어리를 떼어내
그녀의 몸 깊숙이 묻어 놓고는 하얀 병실 문을 닫고 나왔지
어둠이 내린 하늘을 치어다보니 지난여름의 멍울과 상처들이
검붉은 살점을 태우며 이제 막 불꽃놀이를 시작하고 있지 뭔가

수술실*에서

징소리가 울리고 객석은 아직 술렁대고 있다
길고 고단한 주름막이 천천히 오르고 나면
무대 아래로 진득한 알코올 냄새가 연무처럼 흘러내리고
차가운 조명등이 만들어낸 뜨거운 초점 아래
분주한 녹색 가운들, 눈을 반짝이는 집게 가위들
흰 천을 발끝까지 덮고 죽은 듯이 여자는 누워 있다

어지러운 시간들 사이로 칼날 위에 섬광이 번뜩인다
실오리 같은 맥박이 목숨의 마지막 넝쿨을 붙잡고 있는 사이
아랫배를 열고 검붉은 콩팥 하나 꿰매어 넣고 있다

때마침 어두운 무대 한 쪽에 서성이는 실루엣 하나
이제 막 그 여자에게 팥죽색 완두콩 한 쪽을 떼어 주고
안개를 온몸에 휘감은 채 수술실 공중을 배회하던 사내
그림자 속으로 다시 들어가 천천히 몸을 누인다

밤새도록 어둠 속을 헤매었다
바다는 온갖 목숨 위에 두꺼운 너울을 눌러 덮고
태없이 빛깔 없이 요동치는 암묵의 해저
떨고 있는 육신 밖에서는 혼백이 촛불 하나 켜 들고

바람 갈기들은 끊임없이 창틀을 흔들었다

얼마쯤인가 파도를 솟구쳐 세상 위에 떠올라 보니
어이쿠나 이게 웬일이냐
저만큼 절벽 아래 누워 신음하던 육신은
어느새 거짓말처럼 평안하구나
진눈개비로 아우성치던 밤이 아침을 꿈꾸는 지금은
겨울 어둠 아직 끝나지 않은 새벽
매운 고추 먹은 듯 얼얼한 창자와 뱃가죽을 데불고
도대체 이게 웬일이냐
절벽 위로 날아오른 혼백은 참으로 죽음처럼 행복하구다

* 수술실 : 만성신부전증 아내와 운 좋게도 혈액형이 같은 한 사내가 신장 한 쪽을 떼어 주기로 하고 수술이 진행된 공간임

이승과 저승

사나운 물결 위에 떠서 하늘을 본다
엽전만 하게 열려 있는 구름 사이로
언뜻언뜻 비치는 것이 잊힌 전생의 얼굴이냐
지금 막 숨을 몰아쉬는 이승의 얼굴이냐
바람이 불고 빗방울이 유리창에 부딪쳐 내린다
이윽고 불 꺼진 하늘이 바람과 구름을 데려간다

시나브로 깊은 어둠 속으로 무한공중은 열릴 터인데
내세의 어느 날에도 나는
평생 동안 길을 인도했던 바람을 벗 삼아
물결 위에 떠서 끝없이 흐르는 세월을 본다

하루를 살며 삼천삼백 번 숨쉬기를 하고
온 종일 구천구백 번 맥박을 펴 올리면서
시간은 단지 앞으로 나아갈 뿐이다
온 세상 맑은 유리알 천공天空에
죽음의 그림자 같은 건 없다

그대여
두려워 말라

슬퍼하지도 말라
있다면 진정 있다면
우주의 맥박 속에 몸 섞으며
살아 있는 영원 속으로 자맥질하는
너와 나 흔적 없는 뒷모습이 있을 뿐이다

당신의 침묵

사십오억 년 지구 위에
생명을 허락하신 하느님
목숨의 진실이 담긴 채로
굳게 닫힌 침묵의 상자는
과연 하늘과 땅속
어느 곳에 감춰 두셨나요

땅속에 누운 돼지는 지금쯤
무슨 생각을 하고 있을까

이종異種 췌도 이식이란
빛나는 훈장을 달고
면역거부반응이란 놈을
꿀꺽 삼키고 내가 죽으면
백혈병으로 죽음을 어루만지다가
신경이 망가져서 돌이 되다가
벌떡 일어난 사람들이 내게
하얀 비석 하나쯤이야
눈물로 세워 주시겠지요

차가운 안락사의 침대 위에
히포크라테스의 흰 가운을 결친
수척한 수의사의 눈물
구제역이 몰아치던 지난겨울
구덩이에 우리를 쓸어 넣던
포클레인의 차디찬 그 손마디와
뜨거운 눈물을 훔치던
농부의 굵게 주름진 손마디가
매정하고도 인정 많은 하느님 당신의
왼손, 오른손 아니던가요

꽃제비는 살아 있다

장면 1 너를 낳아주신 부모님은 어디 계시냐? 죽었습니다
나를 먹이고 길러주신 어버이는 따로 있지요
그 어버이 장군님은 특별열차에서 돌아가신 후
지금은 대리석 궁전에 미라로 누워 계십니다

장면 2 제비 다리는 맵디매운 겨울 나뭇가지를 닮았다
검불처럼 날리는 머리카락이 예쁜 소녀 얼굴을 가렸다
손가락 뼈마디 사이에 움켜쥐고 있는 퍼런 게 무어냐
토끼풀이요 열심히 뜯어 먹고 살아야지요
그래야 꽃을 보지요 돌아가신 어버이를 만나야지요

장면 3 맨발의 소녀는 밭고랑 사이로 사라져 간다
한 번도 구경한 적이 없는 뽀얀 흙먼지가 하늘가에 인다

장면 4 날개를 삐걱거리며 꽃제비가 사라진 언덕 너머에서는
또 다른 세상의 제비들이 한 무더기로 줄지어 서서
왜 돌아가셨습니까 우리를 버리고 어찌 가셨습니까
땅을 치고 발을 동동 구르며 통곡하는 소리 들려온다

두 겨울 풍경

장면 1 (오십 년 전, 불 밝은 도시의 밤) 통금 직전 영하 십오도의 칼바람이 빌딩의 벽면을 얇게 얇게 도려낸다 빙벽의 살점들이 언 아스팔트에 떨어져 꽂힌다 광화문 아래 시청 시계탑이 보이는 곳, 한국은행의 검푸른 지붕 아래 소공동 뒷골목이다

장면 2 빌딩들은 여전히 맑은 겨울 하늘에서 내려오는 별들의 눈물을 아무렇지도 않게 받아내고 있다 스무 살은 됨직한 걸인 청년이 음식점 쓰레기통을 뒤져 갈비뼈를 뜯고 있고 길 가던 소년은 눈이 시려 잠깐 멈칫한다 청년의 안개빛 입김이 골목 하늘로 솟아오른다

장면 3 (CLOSE UP) 걸인 청년의 눈빛엔 분노도 눈물도 아닌 영문을 알 수 없는 불빛이 번뜩인다 지나가는 자동차의 강한 전조등이 그의 입가에서 번져 나오는 증기를 일순 환하게 비추다 사라진다

장면 4 (같은 자리) 술 취한 행인 몇이 어깨동무를 하고 유행가를 부르며 지나간다 오십 년 전에 등장했던 열다섯 살 소년이 다시 등장하여 한참을 머뭇거리다 자꾸 뒤를 돌아다 본다

장면 5 (오십 년 후, 투명한 달밤) 영하 십오 도라는 내일 아침 일기예보를 듣고 밤길을 간다 외진 시골 동네 바깥 외양간에 누렁소 몇 마리가 서서 밤을 새고 있다 바람이 살을 깎고 시커먼 똥밭은 깡깡 얼어붙었는데 훤히 뚫린 지붕 아래 바람 가릴 벽이 없다 팔뚝만 한 철책들이 가로세로 달빛을 엮고 있다

장면 6 (O.L) 장면 3,4와 5는 오십 년 시차를 두고 세로 한 뼘의 지층으로 나뉘어 있다 청년과 누렁소들의 입김이 겹쳐 화면 전체를 덮는다 빛깔 다른 지층 갈피마다 영하 십오 도 초속 십오 미터의 무쇠바람이 달리고 있다

눈먼 사랑과 가벼운 평화

장면1 자정을 저만큼이나 넘은 시각의 세상은 끝없이 고요하다 잠든 바다 위에 떠 있는 세상은 참으로 평화롭다

장면2 해저 분화구에서는 숨 가쁜 용암이 증기를 내뿜으며 넘실거리는 물결을 헤치고 바다 위로 솟구친다 지하 동굴은 끓어오르는 바닷물을 데리고 화산섬을 향하여 꿈틀대며 기어가는 아름다운 비단 구렁이다 새로운 섬을 잉태한 열점은 구름 한 점을 휘감고 빠른 걸음으로 극점으로 이동 중이다 해저의 대륙은 아직도 서로를 조금씩 밀어내고 있다

장면3 천국과 지상 사이에 홀로 남겨진 사내의 눈먼 사랑도 용암 위에 떠서 흔들린다 맹목의 목숨을 눈 뜨게 하기 위해서는 캄캄한 연기 속의 고통으로 피어올라야 하고 뜨거운 불꽃 속의 아름다움으로 불타올라야 하고 푸른 잿더미 속에서 마지막 열매를 건져 올려야 한다 피 묻은 손과 가벼운 평화에 물든 가벼운 영혼을 씻어내야 한다

장면4 꿈틀거리는 지하 용암지대의 이마 바로 위에 엄마와 아가는 곤히 잠들어 있다

착한 눈망울을 애도함

–떠나는 소들에게

부드러운 속눈썹
물기 어린 눈동자
그 착한 눈망울을 어찌 지우겠느냐
조선의 한 여인네는
티끌만 한 바늘 하나 부러트리고도
유아이사由我而死라고 울었다
우리들의 죄로구나, 업보로구나
나도 운다, 산천도 운다

영문도 모르고 아무 잘못도 없이
영원한 어둠 속으로 미끄러 떨어지는
물기 가득 고인 착한 눈망울 위에 마지막
얼어 버린 하늘 한 조각 비치었더냐

너희들의 황망한 목숨
우리들의 허망한 애욕의 끝이
어이 닿지 않으랴
목숨과 목숨의 경계에서
어이 만나지 않으랴

잊을 수 있겠느냐 푸른 들
녹슨 철창 사이로 보이던 흰 구름
놓을 수 있겠느냐
그리도 애타게 목마르던 자유

그러나 그러나 정녕 어쩌랴
워낭소리 목줄이랑 고삐랑 모두 풀어 놓고
이제 다시는 이승 돌아보지 말아라
끝이 보이지 않는 들길로 떠나거라
이천십 년 전 슬픈 이 땅에 오신
12월의 신께로 가거라
이승의 아픈 목숨 모두 어루만지는
4월의 신께로 가거라

겨울 안개 그림자

얼굴도 없는 흰 그림자들이
겨울 안개 길을 가득히 메우고 있다
하늘은 우주 끝에서 한없이 내리 비쳐도
빛 한 줄기 따뜻한 한 모금의 생기도 없는
차디찬 포클레인의 구덩이 속으로
혈육이었던 소 돼지 염소들을 밀어 넣는다
발버둥치는 혈육들을 눈물로 밀어 넣는다

얼굴도 없는 그림자들은 어디로 가고 있느냐
우리들의 발길은 절망의 안개 속
착한 눈망울을 데리고 어디로 가야 하느냐

아름다운 발굽을 가졌다는 죄업 하나로
세상 어느 구석에 숨을 곳 하나 없이
차가운 구덩이 속으로만 내몰려야 하는
우리들의 어여쁜 꽃들아 별들아
아프고 저린 육신의 끈을 모두 풀어 놓고
아리고 쓰린 마음의 끈을 죄다 풀고 놓고
눈 감겨 주는 이 없어도 잘 가거라

그리고 이제 안개 그림자 너도 가 다오
삼백만 송이 착한 눈동자의 혼백을 살라 먹고
우리들 빠저린 회한의 넋두리를 살라 먹고
겨울 안개 그림자 너도 제발 가 다오

잡초들아 미안하구나 3

쇠뜨기 냉이꽃 참비름 오랑캐꽃
얘들아 잡초들아 미안하구나

주야장천 줄기차게 뽑히는데도
뒤돌아 밭둑에 나서면 그래도
너희들은 인생이 즐겁다는구나
모르는 척 시치미를 떼면서
시시때때 울고 웃는 하늘 밑에
짓밟혀 피어날수록 예쁜 꽃
그것이 너희들의 웃음인 것이냐
어여쁜 울음인 것이냐

바랭이 달개비 방동사니 달맞이꽃

민초데미를 통째로 살라 먹고도
동상에 낯짝을 새긴 이름난 독초들은
서역을 휘감은 자스민의 향기에 쫓겨
들판에는 불길이 무섭게 번진다는데
북망산천을 줄줄이 메웠다는데
위쪽을 보고 아래쪽을 보아도 여전히

짓밟힐수록 더욱 어여쁘게 피어나는 꽃

잡초들아 풀꽃들아 미안하구나

망촛대* 단상斷想

멀리서 보면 분명 그것은 안개꽃 들판이었다
다시 보아도 그것은 소금 먹은 들판
나귀 끌고 가는 허생원의 메밀꽃 달밤이었다
안개 속에는 딱정벌레 무당벌레 노루 사슴 오소리
민화 속에서 방금 기어 나온 까치 호랑이도 한 마리

광장 한가운데 어디쯤에서 누군가의 외침이 들렸다
외침은 어느새 불꽃이 되어 번지기 시작하더니
후두둑 타닥 후두둑 타닥 박자를 맞추며
파랗게 또는 빨갛게 백성들 가슴속으로 파고들었다
그날따라 광장은 유난히도 빛깔 다르게 불타올랐다

오늘도 망초꽃 홀씨들이 뽀얗게 공중을 날아간다
내년엔 또 어느 들판을 온통 하얗게 물들이고
더러는 온 누리에 눈부신 소금밭으로 퍼져 갈 것인가
더러는 몸을 태워 어두운 세상을 빛나게 할 것인가

농부는 하늘에 대고 눈 흘기지 않는다
분노의 한숨도 삿대질도 하지 않는다
다만 길고 길어서 야위고 야윈 두 팔을 번쩍 들어

탄식인 듯 만세인 듯 하늘을 향해 외친다
망할 놈의 망초들아, 농사를 몽땅 말아 먹을 작정이냐

오냐 그래 헛헛한 가슴 말고 남을 게 뭐가 있겠느냐
초가삼간에 텃밭까지 모조리 훨훨 태워 버려라
너희들이 다 타버리고 나면 들판이 몽땅 깨끗해질라
훠~이 훠~이 훨~훨 타올라라 망초들아

* 망촛대 : 망초의 줄기, 엉거시과의 이년생 풀. 북미 원산의 귀화종

도라지밭의 이별

구제역이 천지를 휩쓸고 간 그해 여름 도라지밭은 제법 보라색 흰색으로 앞을 다투더니만

황토 구덩이에 떼로 묻힌 송아지들 눈망울 수만큼이나 떼거지로 피었다

우리 집 도라지는 삼 년마다 옮겨 심어 십 년이 지났으니 팔뚝만 한 도라지를 캐어 한 밑천 잡을 거라는 소문이 자자하더니만 글쎄 무슨 재주로 농사지어 돈 맛을 보단 말가

구제역이 천지를 휩쓸고 간 그해 여름 흰 꽃 보라 꽃들은 때 아니게 시름시름 떨어지고 가을이 왔는데도 제대로 서 있는 대궁이 없구나 무섬증 나게 춥던 겨울 쇳소리나는 칼바람을 맞았나 비실비실 주저앉고 말라비틀어지고 희푸르던 밭때기가 초상집이 되었구나

아마도 지난겨울 갈라진 손발을 부여잡고 구제역이라 낙인찍힌 채 눈 감지 못하고 승천한 소 돼지들을 만나 눈 감겨 주러 모두 떠났나 보구나 모두들 잘 가거라

쓰나미의 두 얼굴

눈도 코도 너에게는 가슴도 없구나
일본 바다 한가운데 깊은 어둠 속에
인정도 사정도 없는 두 얼굴의 짐승이 산다
태평양을 송두리째 훔쳐 마셔도
가슴속 불기둥을 잠재우지 못하는
너에게는 무시무시한 촉수觸手만 무수하구나

"쓰나미가 와요!" 외치던 스물다섯 살 처녀
엔도 미키를 삼켜 버린 시각
시계 바늘이 멈춰 버린 같은 찰나에
1919년 아우내 장터 흰 저고리 검은 치마
"독립만세!"를 외치던 관순이도 삼켜 버렸다
백 년 전 누렇게 빛바랜 사진 속에서
나무 십자가에 피 묻은 무명 적삼으로 매달려
두 눈 가린 조선 의병 아저씨 동자에 비친
마지막 하늘 조각마저 휩쓸어 가겠구나

그래, 모두 잊어버리자 지금은
분노하는 지구 덩어리 위에 모여서
나라 민족 역사를 더는 캐묻지 않고

낮은 목숨들이 함께 통곡할 시간

그렇다 쳐도, 2011년 3월 11일 해 뜰 무렵
천만 대군으로 쓰나미가 달려오던 그날
눈도 코도 가슴도 없는 검은 깃발에 쫓겨
만주벌에서 피 엉킨 흙 한 줌 움켜쥐고 죽은
광복군 위패마저 독도마저 쓸어 가서야 되겠느냐

가미가제神風의 갈기를 붙잡고 다께시마竹島는
두 얼굴 가진 짐승의 등 뒤에서 다시 살아나는데
흙탕물 회오리의 오만한 작둣날 아래 짓밟히던
어머니 아버지의 오욕汚辱과 한숨
차가운 형옥에서 무너지던 동주 형*의 신음소리
독도의 상처는 아직 한 치도 아물지 않았다

그래, 아득한 왜구 떼도 잊었다 치자
그래, 세월 지난 왜란도 잊었다 치자

그러나 지금은 오직 착한 목숨만이 불쌍한 때
가뭇없는 하늘 밖에 살아남은 목숨들이 모여

다시 꿈틀거리는 두 얼굴의 쓰나미를 호시虎視할 때

* 동주 형 : 후쿠오카 감옥에서 숨진 시인 윤동주

달팽이의 꿈

세상 무게를
온몸에 싣고
달리는
오직 달리는
달팽이
한 마리

고놈의 집 속에는

세상 온갖
무지개들의
가볍고
오직 가벼운
지붕 하나 눌러 쓴
천 근 만 근
바위 하나

3부

하늘은 잊지 않는다

-마산 3.15의거 51돌에 부쳐

하늘은
바다의 가슴을 빌어
구름을 낳고
바람을 기르고
파도를 일군다

어두운 세월 속에서
혹은 눈 먼 사람들이
하늘의 이름을 빌어
욕심의 구름을 짓고
거짓 바람을 일으키고
헛되이 파도를 뒤흔들 때

시월 삼 일-
신단수 거룩한 하늘 아래
삼월 일 일-
천지를 깨우던 만세 소리
삼월 십오 일-
불의를 삼키던 함성의 바다
사월 십일 일-

그날 두 눈 부릅뜨고
마산 부둣가에 피어난
처참하도록 아름다운 한 송이 꽃
용솟음치는 불꽃 다발로 피어올라
찬란한 무지개로 살아나던
그때 당신들의 살과 피

바다는 잊지 않고 출렁거린다
당신들은 한시도 잠들지 않고
수평선 너머 먹구름을 응시하지만
우리는 삼월 십오 일을 잊고 산다
바람 부는 부둣가에서
우리는 졸고 있다

망각의 세월이 구비를 돌아도
마산 바다는 영원하기에
언제라도 그대는 뜨거운 가슴으로
불타는 들판을 달려오리라
우리들의 때 묻은 옷자락과
어리석은 가슴을 사르고

졸음과 먹구름을 무너뜨리고
끝내는 하늘의 바람을 불러내어
마침내는 산의 정수리로 돌아오리라

산정에는 언제나
비바람에도 씻기지 않는
선혈의 흔적이 남아 있다
그대들이 바다가 된 자리
바다가 하늘이 된 자리
그 자리가 이 땅의 정수리로다
이 땅의 정수리에는 언제나
그대들의 멈출 수 없는
핏빛 함성이 새겨져 있다

하늘은 잊지 않는다
아무도 잊지 않는다

백두산 천지에서 1

호흡이 멎었다
살아 있는 목숨이 아니었다
발아래 까마득하게
흘러가는 구름
덮이고 걷히는 안개

꿈속이었다
생시에 보던 풍경이 아니었다
하잘 것 없는 목숨은 벌써
신비의 안개를 따라 저만치
물속으로 흐르는 구름을 따라
끝없이 푸른 지하의 천국 속으로
빨려 들어가고 말았다

그리고는 눈 깜짝할 사이에
환희로운 산정에
새로 태어난 목숨이었다

백두산 천지에서 2

침묵으로 깊이 가라앉은
당신의 상기된 얼굴이 보인다

맨틀의 뜨거운 가슴을 헤쳐내어
용암의 회오리를 꿰어 들고
적토마의 발굽으로 달려오실 당신의
꿈틀거리는 날개가 보인다

오래오래 쌓인 지상의 허욕과
눈 감지 못하고 죽은 육신들과
굶주린 영혼들의 아픔을 씻어내기 위해
신발 끈을 매고 계신 당신의
날카로운 흰 머리 독수리의 눈초리와
뜨거운 분노에 겨워
흔들리는 어깨가 보인다

그날이 어느 날인가요
당신의 무거운 걸음을 멈추게 하고
분노의 한숨을 가라앉히어
지하에서 천상에서 당신의 마음이
편안히 누워 하나 되는 날이

당신은 누구신가
–백두산 기행첩에서

안개 자욱한
산마루 위에 비로소
자태를 드러내는
눈 시리게 푸른 이마
길은 당신을 찾으러
언제나 헤맨다

황량한 만주벌판
해란강의 만세소리 묻힌
백두의 뜨거운 혈관을 담금질하는
천지 짙푸른 가슴으로부터
백령도 불범들의 자맥질
독섬*의 미소
마라도의 어깨춤
네 방위에 가득히 자국난
살과 피의 사슬로 묶인
거친 숨결 건져 올리는
세월 또는 핏줄이란 이름의
또는 목숨이란 이름의

누구신가
당신은

* 독섬 : 돌섬-독도의 원이름

연변 아가씨

–백두산 기행첩에서

노랫가락은 불빛에 흔들리는데
코끝이 알싸 퀴퀴한 노래방
얼굴보다 마음 매무시가 더 예쁜
열아홉 살 조선족 아가씨가
꼭 한 번 가 보고 싶다는 남조선
거리마다 울긋불긋 밤낮이 없어
사람들 때깔이 제법 부티난다는
그 나라 노랠 아무리 불러도 불러도
불러 주는 이 없어 못 가는 나라

땟국물이 흐르는 가사집은
제 멋에 겨워 너덜너덜 춤을 추는데
연변 아가씨 목청 가락은 아무래도
혼자서 기다린다는 할어미 고향 노래
세월은 가고 노래도 흘러
아가씨는 스무 고개를 넘을 테지만
열아홉 살 그리움만 오래오래 남겠구나

마음 한번 단단히 짊어 먹고
연변 아가씨야! 하고 불러 보고 싶지만

호랭이 눈을 부릅뜨고 기둘리고 있을
조선 땅 마누라 생각에
목구멍이 꼴깍 잠기고 말겠구나

두만강을 바라보며

강물은
짙은 자줏빛 흙탕이었다
어깨가 흔들리는 여울마저도
눈앞이 흐리도록 목이 메었다
철조망 너머 여울이 소리쳐 흐르고
여울 너머 또 다른 철조망이
숨죽여 흐느끼고 있었다

왜일까
강물이 울고 철조망이 우는 까닭은
인적마저 끊어진 건너편 산등성이
희끗희끗 민둥이를 드러낸 속살들이
햇살에 히죽히죽 웃고 있을 때
강물은 철조망의 발목을 부여잡고
흐느끼며 소근대고 있었다

너는 왜 우리를 가두고 있니
흘러가는 우리를
양쪽에서 녹슨 철조망으로
왜 가두고 있니

북한강 소야곡 3

살가운 호미를 움켜쥐고
오래오래 그리던 그대 앞으로 나아가라
그리고는 여름 한낮 뙤약볕 속에 앉아 보라
단숨에 황토 바다 그 풍만한 여인의 포로가 된다
천지는 온통 흙냄새 풀냄새의 해일이다
애욕의 혓바닥으로 손등을 핥는 햇살
솟아오르는 땀샘의 황홀한 분수
턱 밑까지 우렁우렁 파도치는 박동

타는 목구멍이 강물처럼 풀리는
보얀 그대 가슴 빛 막걸리 한 사발
불타는 염천, 해는 길어도 하늘은 짧구나
노을에 물든 마지막 커튼을 내려라
물상들은 희열의 하루해를 접고
들판은 곤한 다리를 뻗는다

강 건너 불빛 한둘씩 눈 뜨기 시작하면
이제 종일토록 그리던 안식이 내릴 차례다
아침 물안개 보얗게 오를 때까지
별들은 물결 위에서 속삭이고

모두가 노래한다
모두가 밤을 노래한다
모두가 밤의 생명을 노래한다

두근거리는 손길로
어둠의 문을 열고 들어서라
거기 가물거리는 심지를 돋우어 놓고
가난한 신부는 아직 날 기다리고 있을까
밤 새워 가슴 설레는 강물 위로
목숨이란 이름의 첫 날 밤 신부
인생이란 이름의 마지막 날 밤 신부는
숨 막히는 고요 위에 둥싯 떠오를 수 있을까

어디 그뿐입니까

시골집 앞터에는 좌에서 우까지 미나리밭이 꽤 넓었습니다 불과 서너 해 전 일입니다만 까마득히 멀어진 세월이지요 청녹의 프리즘으로 비쳐 보이던 창밖이 영영 닫혔으니 말입니다

어디 그뿐입니까
탐스런 목덜미가 유난히도 육감적이던 청둥오리들 사이로 미꾸리를 낚아채던 긴 다리 백로 재두루미들이 아릿한 구름 속에 무명 저고리 흰 치맛자락 모두 벗어 놓고 떠났습니다

어디 그뿐입니까
비 오기 한 식경 전부터 한 놈 두 놈씩 울어대던 개구리들이 안개비 속에서는 자욱하게 개골개골 유행가를 흥얼거리던 놈들이 포클레인에 밀리고 깡그리 바위 덩어리에 깔리고 흙더미 속에 묻혀 버렸습니다

이제 어디로 갈까요
멀리 구슬 빛 강물이 회색 지붕에 덮여 화폭에서 사라져버리고 나무들은 모조리 꺾이면서 땅따먹기 소송이 한창이라고 수군수군 소문이 떠돌더니만 오래오래 꿈꾸던 전원마을이 이제야 들어선다고 살판났다고 야단들입니다

여름날의 동굴 벽화

이윽고 밤이 지나고 모두들 일터로 나간다 빌딩 속에서나 풀밭 덤불 속에서 햇살은 다정스레 우리들의 어깨를 짚고 있다 뼈마디 무른 구름이 적도 허리를 휘감고 있는 틈새로 땀의 바다가 보이기 시작하고 풍경은 드디어 속도를 낸다 사실은 어젯밤 열대야 속에서도 세상은 더 빨리 돌던 참이다

선풍기 에어컨 너머 도시의 여름은 아무래도 아름다운 땀방울이 지킨다

노동의 혈관 속으로 굴러 떨어지면 등줄기를 타고 흐르는 원시의 냇물 미끄럽고 달콤한 용암수가 흐르고 이제사 목을 적신 바위들이 몸을 풀기 시작한다 까마득한 천정에서는 종유석이 춤을 추며 내려오다가 바닥에서는 햇죽순들에게 온몸으로 춤사위를 넘겨 주고

흰 꽃 자주 꽃 자욱한 도라지밭은 이두박근 빛나는 꿀벌들의 세상이다 너희들이 꽃밭에서 사라지는 날 세상 문도 닫힌다는구나 날아라 날아 올라라

동굴 안쪽 폭포수 속에 우리가 모두 감금되어 탄성이 한창일

때 천상의 꿀벌 한 마리가 어깨 위에 사뿐히 내려앉는다 무지갯빛 제 목숨 하나를 태워 침 한 방을 놓고는 유유히 구름 속으로 사라진다 하늘 끝에서는 불꽃놀이가 한창이다 내일 대낮에도 여전히 별들이 쏟아질 게다

행여 그런 말씀 마시게

편한 세상도 귀찮고
멋들어진 책상 일도 진력나고
에라 시골 가서 농사나 짓자
행여 그런 말씀 마시게

농사라는 게 뭐 그리 대순가 하겠지만
사랑하는 마누라 손톱 밑에다가
다홍색 봉숭아물 대신에
흙물 때국물 들여 주는 거야말로
호사로운 치장일세
숨 찬 밀짚모자 안팎으로는
줄창 소금 땀물이 냇물로 흘러도
목구멍 말라비틀어진 노랫가락이
흥얼흥얼 나와야 하는 걸세

하루 종일 허리 운동을 하고 나서
굳은 살 박힌 손바닥을 펴 보면
장바닥에 내다 팔 건 도무지 없고
뽀얀 흙먼지밖에 남는 게 없어도
저녁 밥상에 둘러 앉아

생글생글한 푸성귀 한 잎 씹으며
행복이라는 모래알이 목구멍에 걸려야
그게 바로 일등 농사꾼이란 말일세

바람 휘모리

거리마다 아름드리 플라타너스들이 통째로 나뒹굴었다
빗줄기가 긁고 간 자국마다 햇살이 상처를 할고 있었지만
검은 구름은 아직 심해 바닥에서 산통産痛 중이었다는군

피란지 부산 서대신동 비탈동네 멀리 물안개 속으로 가물거리던 영도, 우리 집은 판잣집, 지붕보다 높은 돌담 그 위에 우리 집만큼이나 낮은 판잣집에 살던 혹부리 할아버지는 개장수, 어떤 날은 두 마리 세 마리씩이나 누렁이 검둥이를 나뭇가지에 목 매달아 놓고 몽둥이로 패서 잡아야 고기 맛이 좋다며 피가 흐르르 똥오줌이 주르르 돌담을 타고 흘러서 우리 집 마당가를 벌거죽죽하게 적시었다

지금도 개꿈을 꾸는 날이면 어김없이 나타나 피 흘리는 나무 한 그루
우리 모자가 울며 떠난 지 얼마 후 사라호 센 바람에 무너져 내릿다 카는
똥오줌 묻은 돌담 무더기 속에 깔려 영영 죽어 뿌릿다 카는 혹부리 할배

태풍경보 울리면 하늘 멀리 휘모리장단 위에 두두둥 떠서

아직 목덜미에 감기는 그 누렁이 검둥이가 질러대던 비명소리

머슴애와 가시내

그날은 가끔씩 먼 산 안개로만 찾아온다

얼굴이 반 넘어 지워진 머슴애들

얼굴은 살아 있어도 목소리가 없는 아이들

예쁜 눈빛으로만 눈썹 끝에 매달리는 가시내들

감미한 나선으로 하늘에서 날아내리는 나비 떼

가시내와 머슴애 사이를 가로막고 있었던 건

영문도 모른 채 입고 있었던 부끄러운 옷 한 벌

외로움이라는 두려운 옷 한 벌

세상 천지에 우리들은 각기 혼자뿐이라는

향기 가득한 누더기 옷 한 벌

잊혀진 불길
-소설가 류주현 선생 생가터에서

—붓 한 자루로 조선총독부의 심장을 도려낸 소설가 류주현의 아버지의 어버지는 의병들 시신을 묻어 준 죄로 밀정에 쫓기다가 일경의 성냥불에 집이 통째로 불살라졌다—

아스라한 풍경 속에
집 한 채가 불타고 있다
치욕으로 상기된 얼굴이
활활 타오르고 있다
억새풀과 들새들만이 기억하는
집 한 채는 우리들의 집 한 채
화염 속에서 몸을 떨며
한 줌 재로 날아가 버린
지금은 모두 잊어 먹은
우리 모두의 집 한 채가
아스라한 공중 어디선가
지금도 활활 불타고 있다

—타버린 집은 100년이 지난 지금도 다시 일어설 줄 모른다. 피어올랐던 검은 연기. 허공을 녹인 불기운. 그해 겨울바람에 날아가 버린 숯덩이 잿더미는 모두들 까마득히 잊혀져 영영 돌아오지 않는다—

소녀는 어디 갔을까

–황순원 소나기마을 개관에 부쳐

세상 가득히 꽃향기 날리며
단발머리 나풀거리던
소녀는 어디 갔을까
아무도 묻지 않고
아무도 대답하지 않아도
언제나 구름 위에 떠 있다
강물 위에 꽃잎처럼 흔들리고 있다

투명하게 번져가던 웃음소리
달빛 속에 몸을 감추던 뒷모습
바람 앞에서는 그림자가 되던 푸른 눈동자
헤어짐의 길목에서
마지막 너의 목소리는 떨리었다

누구의 가슴속에나
한 소녀는 살아 있는 법
세월이 켜켜이 쌓이는 동안
아무도 모르게 우리 마음 깊은 곳
두꺼운 감옥 속에 숨어 있었나

이제는 낡은 빗장을 풀고
마법의 거울 밖으로 나오너라
다박다박 걸어 나와서
냇물에 슬픔 씻는 새벽별이 되거라
나는 아득한 소년 시절로 다시 돌아가
소나기 위에 빛나는 햇살이 되마

그리하여 단 한 번
내 어깨 위에 내려앉았다가
그 후로는 단 한 번도
이 세상에 내려온 적 없는 하얀 새
세상은 모두 흔적 없는 무지개

장작 한 무더기 던져 넣기

삶이란 저마다 모두 분주합니다
벽마다 자신만의 무늬를 그려 넣기 위해
나만의 빛깔로 천장을 수놓기 위해
방바닥에는 손자국 발자국이 가득합니다

가슴 부풀었던 아침나절이 지나고
비바람 몰아치던 젊은 날
어둠 끝에서 솟아오르던 환희의 순간들
가을에는 세상 가득히 헛된 열매들 사이로
미몽迷夢은 길고 외로울 뿐이었습니다

조을 듯 깜박이는 등불 하나씩을 켜들고
나만의 무늬를 새길 수 있을까
밤낮으로 수없이 가슴 졸일 때
어스름 속에서 산의 울림이 있었습니다

바람 부는 언덕 오르막길에 너의 집을 지어라
꽃과 나비와 새들만 가득하기를 바라지 말라
집 안 구석구석 낙엽과 이끼와 그림자마저
아름다운 무늬로 배어 있기를

단지 내일은 더 온기 있는 방을 위하여
땀방울 얼룩진 장작 한 무더기씩
허기진 난로 속에 던져 넣어라

불어라 연 바람

휘 돌아보면 세상 밖은
모두가 바람입니다
고요 끝에서 한없이 잔잔하다가도
옷깃을 마구 찢어 놓기가 십상이지요

아무리 돌아보아도 바람은
우리들 삶의 모습입니다
사납게 생활을 흔들어대지요
가슴 뿌리까지 서럽게
울음 밑바닥까지 써늘하게 그러나
우리는 모두 하나씩
거울 속 투명한 바람이기에
바람의 거울을 깨트리지 않습니다
결 곱게 빗어 하늘에 올립니다

연이 바람이고
바람이 우리가 되는
하늘 푸른 세상에 닿기만 하면
울긋불긋 무늬는 달라도
한 길 두 길 올라서

더러는 구름 저 멀리
우리는 함께 하늘에 떠 있습니다
질긴 명주실 한 가닥을
굳게굳게 땅 끝에
매어 두고서 말입니다

4부

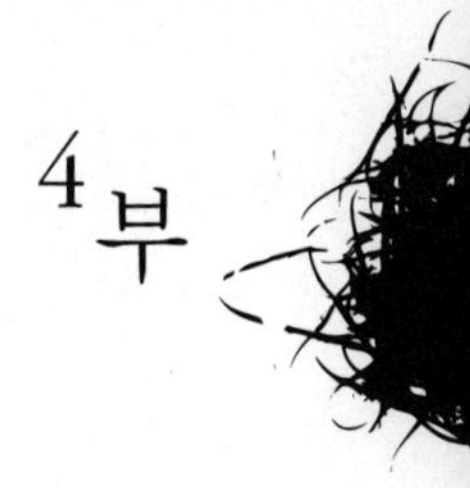

먼 동*

우리들의 가슴속에
숨 쉬듯 살아 있는
깊고 깊은 어둠을 아십니까
혹은 한 줄기 밝음을 아십니까
어둠은 그리움의 원천이고
밝음은 만남의 노래인 줄을

숨었다가 때로는 나타나서
대낮의 뜨거움을 식히고
때로는 자취도 없는 미소로
백 년의 어리석음을 밝히는 당신은
해와 달이 감추인
세월의 수수께끼를 풀어내는
미몽迷夢의 곳간 열쇠입니까

잠 못 이루는 나무들의 계곡을 지나서
아직 깨어나지 못한 산봉우리를 넘어서
천천히 밝아오는 새벽하늘 위에
문명이란 이름의 메아리로 살아 있는
먼동을 아십니까

* '먼동' 은 과거 직장 선배였던 문명학의 권위자 김정의 교수의 호

시인과 소주잔

–양평 시인 황명걸

눅눅한 장마가 깔고 앉은 선술집
말간 소주잔을 앞에 놓고서 오늘은
시인의 머리카락이 더 하얗습니다

술 한잔 생각날 때가
죽고 싶을 정도로 싫단 말이여
땡기는 걸 안 마실 수는 없고
마시면 목숨 마디가 잘려 나가고
하얗게 서리 앉은 그의 목소리는
깊은 지하에서 울려 나오듯
허공에 울려 퍼집니다

세상에 별 욕심이 있는 게 아녀
시름을 실으면 어디다 싣나
자네 같은 후배들하고 눈 맞추며
아름다운 인생 이야기할 수만 있다면
무얼 더 바랄 게 있것나
시인은 연거푸 소주잔을 들이킵니다

남한강이 눈 아래 굽어보이는

눈물어린 마나님의 창가에는
지아비의 술잔을 막다가 지쳐버린
희미한 눈빛이 아직도 따뜻합니다

조선 항아리의 전설

—소설가 신상성

당신의 항아리 속에서는
잘 익은 조선 된장 냄새가 납니다
어둠과 칼바람의 심독한 결기를 삭혀
낮에는 땡볕 아래 살갗 타는 근육으로 단련하고
밤이면 교교한 달빛 속에
깊은 명상으로 몸 푸는 메주덩이들

당신의 속 깊은 항아리 속에는
목수의 아들로 자라나던 남쪽 합포 바다 소금물과
피눈물 뒤섞인 무학산 무지개 매운 향기가 고이고
최루탄 가스가 하늘을 뒤덮던 암묵의 시절
반골 낙인이 찍혔던 학창의 이름표가 떠 있었지요

보이지 않는 음모의 손에 떼밀려
항아리가 불구덩이 속에 던져진 건 언제였나요
격정의 얼룩무늬 공수부대 사나이로 다시 태어나
죽음을 목숨처럼 꿰차고 다니던 남국의 정글에서
사신死神에게 오른쪽 뺨 한 줌 떼어 먹히고
탄환이 고막을 뚫고 지나갔어도 항아리는
뜨거운 햇살에 고개만 끄덕일 뿐

적막한 달빛 아래 미소 지을 뿐

화염 가득한 화엄華嚴의 동굴 끝에서
회귀선*을 타고 구원의 땅으로 오신 걸 환영합니다
메콩강 붉은 물결과 나트랑 정글 속에서
순백의 아오자이 처녀와 전쟁의 분노를 함께 마시다가
절벽 끝에 영근 매운 고춧발로 뜨겁게 달구어서
짭짤하고 진득한 조선간장 한 동이 자아 올렸군요

가을 첫새벽 우물 맛을 우려내는 당신의 소설은
우리들의 장독대를 지키는 영원한 전설입니다

* 회귀선回歸船 : 신상성의 1979년도 동아일보 신춘문예 소설 당선작

편안무쌍한 자유인

–마산 시인 변승기

바람처럼 잊고 살다가도 그대는
불현듯 내 가슴속으로 들이닥친다
느닷없이 대문을 밀치고 들어와서는
안방까지 내놓으라 으름장이다

그대 협박에 길들여진 나는
안방에서 마음까지 모두 빼앗긴 나는
그때부터 도무지 영문 모르게
그대 사랑방에 갇힌 포로 신세가 되어
편안무쌍한 자유인이 된다

일천구백육십 년 삼월 십오 일 그날*
피맺힌 함성과 총성 자욱한 거리에서
까마구에게 다리 한 쪽을 떼어 먹힌 후
세상은 갑절이나 더 무거울 텐데
용케도 허허 웃으며 홀가분히 산다

영영 잃어버린 한쪽 세상은
오래전에 먼저 하늘로 보내 놓고도
이웃에게 자유 한 사발씩 나눠 주며

싱싱한 바닷내음 한 동이씩 나눠 주며
웃음으로 세상을 홀가분히 산다

* 변승기 시인은 1960년 3 · 15의거 때 총상으로 한 쪽 다리를 잃었다

꿀벌 농부
–양평 부부 시인 여도현 · 최경학

이 산 저 산 넘어
꿀벌들이 잘도 날아서
집으로 돌아오는 까닭은
형의 너털웃음 때문이다

그다지 많지 않은 벌통 수만큼이나
형의 살림이 넉넉지는 않지만
노상 오색구름 닮은 미소를 띠우며
단꿀 속에 사는 부부 시인만큼이나
넉넉히 사는 사람이 세상에 몇이나 되나요

철마다 뜰을 가득 메우는
라일락, 자운영, 밤꽃, 함박꽃 웃음소리
윙윙 전략으로 덤벼드는 암펄 수펄들

온 천지에 구제역 난리가
휩쓸고 지나간 몇 해 전부터인가
꿀 훔쳐 가는 못된 말벌 떼 말고도
천지사방 굴뚝 연기가 벌들을 죽이는 겐가
벌통 안이 영 썰렁하다고 한숨지으시더니

세상 꿀벌들이 몽땅 죽으면 그 비석 옆에
세상 사람들 비석도 함께 세워야 한다는데
어디 그래서야 될 말입니까
노을이 한창 아름다운 부부 시인 양봉장에
올봄에는 암수펄 희롱하는 날갯소리가
천지사방 요란하게 진동할 겁니다요

거울 속 형님

–소설가 · 화가 이제하

언제 보아도 흔들립니다
형님과 저의 세상살이 걸음새는
제발 한 가지만 하고 살라는
여인네의 간절한 소망을 외면하는 것부터
구구로 한 군데만 머물러 살라는
동네방네 눈총들을 뭉개는 것까지
아무리 다시 보아도 영락없이
저를 비추는 거울입니다
감히 뒤좇아 흉내낼 수 없도록
형님은 저만큼 앞서 가십니다만
덥수룩한 머리에 구부정한 어깨로
동피랑* 언덕을 오르시는 모습은
항상 빛나는 거울입니다
단지 다른 게 있다면
형님은 세상을 마음껏 흔들며
지경 밖에 표표히 살고
저는 세상에 휘둘리며
지경 안에 갇혀 사는 것이지요.

* 동피랑 : 이 형이 자주 머물며 창작에 몰두하는 경남 통영의 예술인 마을

세한도의 별빛
–육십 년 친구 영섭*

속마음으로만
먼발치 소식으로만
거진 육십갑자를 함께 살았다
얼굴 모르는 아부지보다 오래라고
마누라와 자식들은 한편 서운하겠지만
켜켜이 저절로 쌓인 세월을 어쩌랴

굳이 이산가족 찾기를 하지 않아도
만났다간 헤어지고 헤어졌단 다시 만나고
아무도 모르는 아무에게도 보이지 않는
무엇이 당신과 나를 잇고 있는 것이냐

폭풍이 몰아치던 세한의 옛 시절
비안개 가득하던 남쪽바다 밤 풍경 속에서
그대의 환한 미소만이 별빛이었다

이젠 나이마저 꽤나 지긋한데
또 다시 서운히 헤어졌다가
또 다시 반가이 만날까 싶어
노상 가슴이 두근거린다

* 친구 김영섭은 부산 피난시절에 만났던 마음의 벗이다

열려라 꿈길

– '길의 노래' *에 부쳐

길은 길을 낳고
다시금 서로 만나서
맑은 냇물을 이루고
푸른 강물을 이루고
희망의 바다를 꿈꾸는 우리는
하나씩 길을 품고 산다

아름답고도 험난한 길 위에
오로지 이 땅에서 자라고
오로지 우리들의 가슴으로 키워낸
한 소년이 달려오고 있다

지난날의 뜨거운 눈물도 땀방울도
단지 그를 키워낸 이정표일 뿐
고되고 숨찬 날들에 아로새겨진
회색 하늘, 짙은 고뇌의 시간들도
맑고 푸른 눈동자를 길러 준
한 줄기 햇살의 미소일 뿐

비바람 속에서도 꿋꿋하게 자라서

청년의 푸른 옷소매 휘날리더니
이제 듬직한 장년으로 성큼 다가선다
그대와 함께 열려라 꿈길
우리와 함께 열려라 나루
마파람 부는 강가에 당도한 돛단배 위에
거친 파도와 햇살로 단련된 팔뚝
듬직한 어깨가 빛나고 있구나

다시 보면 너의 모습은
우리 모두의 모습
지난날 우리와 함께 숨차게 살아 왔고
오늘은 어지러운 세상을 향해 눈 부릅뜨고
강나루 지나서 너른 세상까지 나아갈
높은 파도 함께 넘어갈
우리 모두의 얼굴이다

영원으로 가는 찰나의 세월 속에서
지상의 모든 길과 모든 꿈은 만난다
끝내 만나서 아름다운 내일을 이룬다

* '길의 노래' : 오래전의 제자 정준길 변호사의 저서 이름

봄날에 꿈꾸다

소녀야 너는 어디

노을구름 저편에서
산사 깊은 종소리로
천천히 지평을 넘어오는
연초록 무지개

유리잔 속에서
겨우내 숨어 울던 산새가
토해 놓은 얼음 한 조각

소녀야 너는 어디

봄 들머리
아직 눈뜨지 않은 꽃들이
숨 고르는 산과 들
빈 무대를 스치는
몇 줄기 바람

맑은 어둠이

천지에 내리면
머나먼 옛 시절
유리잔 속에서 부서진
봄날의 꿈을
다시 꿀 수 있을까

이별 증후군

–서울가정법원 조정위원을 마치고

도대체 영문을 알 수 없는 병을 증후군이라 한다는군

양가 부모가 명을 걸고 뜯어 말릴수록 목숨 걸고 사랑의 우물을 깊이깊이 파내려가는 로미오와 줄리엣

까마득한 낭떠러지 절망감으로 그믐달마저 기울어가는 밤하늘을 향하여 얼굴로만 웃어대는 스마일 마스크

어느 날 갑자기 세상과 나는 결별한다 내장이 모두 어디 갔을까 심장이 왜 안 뛰는 거야 이제 나는 죽었구나, 시체 증후군도 있고

망각 증후군이라 한다던가, 네가 있다는 걸 믿을 수 없어 웃어도 울어도 너는 없어 꿀떡 같은 여보 당신도 잊혀진 필름 속의 흔적일 뿐

우리는 모두 사랑병을 앓고 산다 한때는 달디단 욕망의 쉿물을 쏟아 부으면서, 아이쿠 뜨거워 너만을 사랑해 하고 귓가에 속삭였건만

로미오와 줄리엣은 어디 갔을까 펄펄 끓던 우리들 심장은 어디 갔을까 울지 마 웃지도 마 너는 없어 나도 없어, 사랑은 이제 우리에게 없어

새까만 안경 쓴 밀정처럼 사랑의 뒤꿈치를 좇아다니는 이별 그림자

강아지 나무

지난여름에 떠나보낸 강아지는 바람 부는 나무를 닮았습니다

밖에서 돌아오는 나만 보면 오줌을 싸대던 버릇없는 암놈 강아지는, 거역 못할 운명의 이별도 있음을 알 까닭이 없는 그놈은, 천지 무너지는 슬픔을 가슴에 안고 남의 집으로 멀리 떠나가던 그날 밤, 천둥 번개가 앙가슴에 꽂히고 말았다고 눈을 흘기며 얼룩진 편지를 꿈편으로 보냈습니다

단꿈처럼 다시 만나 아래 위층으로 떨어져 살면서 행복한 몇 달이 지났습니다 턱 밑에까지 치렁대는 귀를 흔들며 애소하는 눈빛이 켜켜이 쌓이던 날, 지붕 위에서 하늘만 쳐다보고는 살 수 없노라고, 도무지 이승에서는 이별을 밥 먹듯 하는 이승에서는 살 수가 없노라고 한숨에 섞어 다시 문자 기별을 해 왔습니다

그날따라 소낙비에 하늘은 왜 그리도 한꺼번에 무너져 내리던지, 천둥 번개로 하늘은 왜 그리도 눈부시던지, 놈은 눈을 감고 입을 앙다문 채 옥상에서 땅으로 뛰어 내렸습니다 비에 젖어 촉촉한 내 가슴이 땅 위에 있었으므로

목마른 느티나무 잎새 사이로 추억처럼 파란 하늘이 열려 있습니다

달려오는 그대

그대 문 앞에 이르기만 하면
강아지가 된 나의 주인은
잔설이 살아 있는 봄의 이마팍에서
오랑캐꽃 내음이 난다고 킁킁거린다

그대는 내 핏줄 속으로 달려 들어와
두 귀를 펄럭거리며 짖는다
목대가 풀리고 사슬이 끊어지고 나면
싱싱한 혓바닥을 한 뼘이나 내밀고는
네 발로 땅을 박차고
가슴을 쿵쿵 울리며 달려온다

나는 비로소 모래사장을 달리기 시작한다
고무줄에 매달린 핏줄들은
출렁이며 바다로 가고
그림 속에서만 흘러내리던 강물은
물구나무서서 고함치기 시작한다

나의 주인이 저토록
발바닥까지 행복에 겨워

내게로 달려오는 것은
겨울 속에 못 박혀 있다가
이제야 부활한 자유
오랑캐꽃 향기 때문이다

너의 이름

무어라 불러야 하나
불현듯 놀라 깨어나서
외마디로 부르기만 하면
금시에 흩어지고 마는
흔적도 없이 붙잡히지 않아서
매달릴수록 터무니없이 가벼워서
눈빛 속으로 비춰내면
뜨거운 핏줄 가득히
무지개를 쏟아 놓기도 하고
혓바닥으로 훔쳐내면
꿀의 강물이 넘쳐나기도 하는
온몸으로 부딪쳐 울며
이윽고 바다 벼랑에 이르면
철썩이는 파도를 넘어
인적 없는 바위섬으로 떠내려가는
너의 이름을 무어라 불러야 하나

유리 구두

외눈박이 거인은
하늘거리는 여인의 나신을
양 손에 받쳐 들고
어둠의 깊은 벽 속으로 들어가서는
눈부시게 밝은 침대에 누인다

다시는 돌아올 수 없는
낭떠러지 꼭대기에 도달한 거인은
여인의 빛나는 육신을 번쩍 들어올려
외눈과 함께 서녘 하늘에 던진다

은하수가 벗어 놓은 오선지로부터는
밤새도록 천사의 별들이 쏟아지고
운석이 던지는 한 줄기 빛이
한 방울의 눈물로 화하는 찰나
새로운 별 하나 태어난다

빛나는 유리 구두 한 짝이
문 밖에 뒹구는 새벽

겨울 순대를 씹으며

발 시린 포장을 들치고 들어선다
비닐 창문에 바람이 심술이다
등불을 휘날리며
포장마차는 달린다
얼굴이 붉게 물든 원주민들이
흔들리는 야광 속에 나타났다가
서부 총잡이들을 찾아 떠난다

오케이 목장 근처 목로주점
눈웃음이 예쁘던 아가씨는 어느새
호호백발이 되었구나
창자 기름에 절어 버린 손마디에선
구겨진 퇴계선생 지폐가 펄럭거린다

비릿한 도야지 똥 냄새
누릿한 간 허파 지라 선지뎅이
찝찔한 소 오줌 냄내 가득 싣고
비실거리는 퇴근길이나
비틀거리는 이차 삼차 길에서
마누라 집까지 우리를 태워다 주는

포장마차는 오늘도
어둠에 쩐 먼지를 날리며
황야의 밤길을 잘도 달린다

망년회와 라면

토끼해가 가고 용띠해가 온다는군
용 중에서도 흑룡을 낳아야 한다고
밤마다 불을 써 놓고 용을 쓰고 야단들이라는구만
지난 기억들은 쓰레기 치우듯 모두 버려야 한다고
깡그리 잊어야 한다고 모두들 위하여를 외친다는구만

우리도 총각 처녀 때는 보신각에 가서
영시의 작둣날 위에 섰노라고
시려운 발을 공그리며 눈물을 글썽이며
눈발 날리는 종로통을 쏘다니기도 했었지

해가 바뀌는 영시가 부질없어서가 아니고
살다 보니 순간순간이 모두 영시라는 게 보이더란 말이지
그래서 오늘도 정신없이 일하다가 망년을 망각했네 그려

셋
둘
하나
이제 방금 사각의 형광 빛 보석 상자 속에서는
찬란한 영시의 불꽃이 쏟아져 내리기 시작했네

흐린 날 갠 날들이 똑같이 아름답기야 하겠냐마는
알록달록 지나간 시간들이 쏟아져 내리는 식탁 위에
마누라와 나는 김이 무럭무럭 나는 라면 두 개를 끓여 놓고
오늘 따라 살결이 더 뽀얀 쌀막걸리 사발도 나란히 놓았지

실로 오랜만에 마누라가 시 짓기를 거들더구먼
여보 기왕에 망년시를 쓰려거든
햅쌀 떡국 끓여 놓고 지난해를 행복하게 잊었다고 쓰지 그래요
호박고구마 구워 줄 테니 제발 라면 얘긴 빼세요

거지 공주

하늘로 떠나보낸 강아지만
우리 집 옥상에 사는 게 아닙니다
매정한 사람이 내다 버린 이승의
눈물 속에서만 살다가 마침내
눈물을 잊어먹은 강아지도 거기 삽니다

만상이 요란스레 꿈틀거리던 봄날
눈빛이 슬픈 그 여자를 데려왔습니다
오직 한 사람에게만 꽂히는
불구의 사랑을
밤낮 없이 절벽 끝에 매달려 사는
한 남자를 향한 불꽃을
꽁지에 매달아 매양 흔드는 여자

헝클어진 터럭이 길고 길어
땟국물에 찌든 발이 열 개는 넘고
꼬리가 세 개나 되던
거지 공주가 그리워한 아리따운 나라
눈 시리게 아름답고
오금 저리도록 무서운 사랑이라면
사람 나라 짐승 나라가 어찌 다르겠습니까

| 해설 |

고독한 실존의 내면 성찰과 자아 찾기

최선옥 (시인, 문학평론가)

1.

탄생에서 죽음에 이르는 생의 길이 만약 하나의 직선이라고 가정해본다면 얼마나 지루하고 또한 얼마나 단조로울 것인가. 삶의 이면에는 직선도 있고 또한 곡선도 있다. 그 길에서 에돌아 가거나 때로 멈춰 잠깐 뒤돌아보기도 한다. 여러 길에서 인간은 자신의 잃어버린 자아라든가 내면에 숨은 또 다른 나를 찾는다. 또한 많은 체험을 하게 되며 이 체험의 과정에서 발생하는 희로애락을 어쩔 수없이 껴안고 가기도 한다. 이렇듯 여러 길을 가는 삶이 서로 다르다 하더라도 자신에 대한 성찰과 그것을 바탕으로 걸음을 내디뎌야 하는 인간의 삶은 도대체 시와 어떠한 관계에 있는 것일까. 인간의 삶을 대변하는 시는 어떠한 것인가.

시인이 시를 쓰는 것은 존재에 대한 성찰이다. 자신의 삶을 때로는 여과 없이 드러내야 하는 시는 진솔한 고백의 기록이라는 점 때문이다. 그러므로 시는 희로애락의 감정들을 고스란히 복사해낸다. 그렇다고 사건의 기록이나 직정直情의 표현으로 끝나는 것이 아니라 살아있음의 의미를 불어넣어 다시 생명을 일으켜 세우는 것, 상처를 치유하는 것, 잃어버린 자아를 되찾는 것, 사물 본연의 본질을 읽어내는 것이다. 상상 혹은 현실의 시공간에서 무의미를 의미화하고 자기 정체성 내지는 자의식의 세계를 읽는 것이다. 자신의 내면세계를 직시하여 아주 작은 존재인 인간과 사물이 만들어내는 작은 이야기를 경청하고 알아내며, 하찮은 것들 속에 깃든 따뜻함과 그리움 등 일련의 정서를 걸러내는 것이다.

이처럼 수많은 시적 정의 속에서 합당한 시 쓰기에 보다 충실하고자 하는 시인이 있다. 한곳에 정착하지 못하고 자신의 위상마저 회의적으로 인식하며 이리저리 세상을 부유하는 현대인들을 대변하는 시인, 시름조차 풍화해내는 시인. 자의식이 남다른 시인은 세상을 보는 시각이 깊고 부드러워 서정을 담기도 하지만, 자신의 내면을 들여다보기에 때로 조화와 부조화가 섞여 흐르기도 한다. 그것은 아마도 전지전능한 신적 요소와 인간으로서의 한계를 드러내는 보편성으로서의 완정성完定性과 불완정성 사이에서의 혼류이고, 그 혼류 속에서 시인은 자신을 조용히 들여다보는 사유와 성찰을 공존시킨다고 본다. 그러나 그 응시의 과정에서 쏟아놓는 목소리는 차분하고 원숙하며 섬세하다. 그의 발성법은 속에서 뿜어져 나온 깊은 소리로 세상을 울리기에 그 감동에 더한층 무게가 쏠리는 듯하다.

윤고방 시인이 밤잠을 설치며 그의 동굴-골방에서 써내려간 시들을 마주하고 있노라면 세상의 아픔과 슬픔, 존재와의 인연의 실타래들이 서로 뒤엉키거나 뼈처럼 응고되어 있음을 알 수 있다. 그 뒤엉키고 응고된 시적 형상과 이미지들을 마주하면 마치 오랜 세월 잠복해 있다가 봇물이 터지듯 분출되는 설움과 아픔과 따스함과 아름다움의 정서를 느낀다. 그런 점에서 시인의 시는 삶을 오롯이 보여주는 진실 자체가 아닐까 생각해본다. 그러면서도 현실을 긍정으로 되새기고자 하는 시인의 일면 또한 놓칠 수 없다.

시인이 생의 일련의 감정들을 껴안으며 때로 회한과 아픔과 시련들을 감내하면서 가슴으로 써내려간 내면의 기록인 『낙타와 모래꽃』을 읽다보면, 시인은 주어진 삶을 그대로 받아들일 뿐 애써 치장하거나 과장하지 않는다는 것을 알 수 있다. 시편에서 읽혀지는 내면의 갈등이나 불화와 부조화는 삶을 있는 그대로 받아들인 시인 그대로의 모습이다. 있는 그대로, 느끼는 그대로를 보여줌으로써 삶은 보이는 그것 자체이며 슬픔이나 혼란이 뒤섞인 것이면서도 한편으론 희망을 갖게 하는 그 어떤 것이라는 것을 시는 암시하고 노래하고 있다. 이 점이 바로 시집 『낙타와 모래꽃』이 주는 미학이다. 비애를 환희로 환기시키는 시적 사유와 행간 속의 이미지라든가 비유가 경이롭다.

2.

시어 몇 개로 시집 전체의 흐름이나 단일 의미를 파악할 수는 없다. 그럼에도 여러 편의 시편에서 유사계열의 시어들이 반복되는 것은 시인이 기억한 것, 경험한 것, 그리고 지향하는 세계가 어느 방향으로 문을 열고 있는가를 알 수 있는 중요한 근거가 된다. 시 「낙타와 모래꽃」이 그 예다.

얼마나 기다렸던가
오직 당신을 만나기 위해 떠난다
낡아서 먼지가 되어 버린 수첩 속에서도
또렷이 다시 살아나오는 그대의 음성
벌써 여러 번의 가을이 지난 후
골방 귀퉁이에서 발견된
산화한 귀뚜라미의 식지 않은 눈동자
이국의 노을이 되어 수직 암벽에 걸린
알피니스트의 아름다운 주검

우리는
모두 눈 부릅뜨고 기다린다
평면을 거역하는 수직의 눈바람
빙벽을 오르는 소슬한 설레임
발목을 휘감는 무색 안개거나 오색구름일지라도
자일 끝에서 울려오는 신호란 신호는 모두
내 붉은 살덩이와 닿아 있는 신경 줄이라면 모두
정육점 철 고리에나 꿰어 두어라

떠나자

남루한 기다림을 벗어 놓고 떠나자
맛 좋은 휘파람 몇 소절 데리고
우리 집 강아지처럼 오직 한 사람만 사랑하는
오래오래 당신이 손짓하던 곳
동굴에 내리 걸린 비단 빙벽을 오르자

—「낙타와 모래꽃 1」 전문

시인은 동일한 제목의 시 「낙타와 모래꽃」을 십수 편 수록하고 있는데 시집의 성격을 가장 잘 드러내고 있다. 시집 제목이기도 한 시들에서 시인은 자신의 내면이라든가 정신세계 등을 유감없이 보여준다. 사막을 가는 낙타와, 낙타가 찾아가는 모래꽃은 시적 의의라든가 시적 의미를 찾을 수 있는 중요한 소재이자 근거가 된다. 여러 시적 정황이나 의미에서 볼 때 '낙타'는 시인의 자화상이며 '모래꽃'은 시인이 갈구하는 정신적 대상이라 할 수 있다.

"얼마나 기다렸던가/오직 당신을 만나기 위해 떠난다/낡아서 먼지가 되어버린 수첩 속에서도/또렷이 다시 살아오는 그대의 음성". 시인이 그토록 기다렸던 "당신"은 현재뿐만 아니라 과거부터 줄곧 기다렸거나 만나기를 염원하는 대상이다. 그래서 "낡은 수첩"에 또렷이 적혀 있어 각인된 것이다. 시인은 당신, 즉 '모래꽃'을 만나기 위해 상상이나 환상, 공상에만 젖어 있는 것이 아니라 모험을 무릅쓰고 찾아 나서고자 한다. 그러나 그 모험은 "수직의 눈바람"을 동반하고 "빙벽을 오르는" 위험을 감수해야 한다. 그렇지만 한편 "설레임"을 동반하는 대상이기도 하다.

몸소 모험과 위험을 무릅쓰는 시인은 "무색 안개"나 "오색구름" 등 상상 너머의 황홀을 꿈꾸지만 혹 그것이 "붉은 살덩어리", 즉 물욕과 물질에 닿아 있는 것이라면 과감히 "정육점 철고리에나 꿰어 두"라며 오로지 정신적 차원의 것만을 취하려 한다. 이는 허황된 물욕이나 욕심을 벗어나고자 함이며 끊임없이 자아와 세상의 상호교환 작용을 거쳐 얻어지는 정신적 가치에 보다 높은 점수를 주겠다는 뜻이다.

시인은 정신적 가치의 대상을 찾아가는 길에서 자신을 끝도 없이 성찰하고자 한다. 그리하여 현재 머무르는 공간을 일탈해 때로 접근 불능의 공간으로까지 자신을 밀고 가려 한다. 시인이 지향하는 공간은 시인이 현재 머무르는 곳을 벗어난 곳이며 그곳에 도달하기 위하여 "빙벽"도 마다하지 않는다. 여기서의 '빙벽'은 고난이나 모험이나 위험을 비유함이며 시인은 무엇에 등 떠밀린 강압이 아닌 자발적 의지로 행하고자 한다. "맛 좋은 휘파람 몇 소절 데리고".

시인이 벗어나고자 하는 "동굴"은 '낙타' 즉 시적 자화상이 칩거하는 장소이자 모든 기억의 뿌리가 닿는 원형의 장소이며 또한 자기 내면으로 들어가 자신을 직시하는 장소이다. 이 동굴을 벗어나고자 함은 일상성으로부터의 해방이며 통속적 욕망을 넘어섬이다. 그러나 동굴을 벗어나고자 하는 길은 "외길"이며 또한 "절벽 위"에서나 원하던 모래꽃의 "꽃잎 하나" 찾을 수 있다. (「낙타와 모래꽃 2」)

또한 그 길은 "수염이 허옇게 바랜 낙타 한 마리"인 시적 자화상이 "종일토록 모래 바람 속을 걷는" 일이다. 그리고 그 길은

"가시덤불"을 헤쳐 가는 길이다.(「낙타와 모래꽃 3」)

어둠 속으로 더 깊이 들어간다
이상하게도 갈수록 짙어지는 건 밝음이다
석주마다 오두막집 등불들이 길을 밝히고
길바닥엔 황토 먼지 대신에
기화요초들이 낯선 웃음으로 반긴다

버스들은 돌아 앉아 엔진을 식히고 있고
전철은 긴 꼬리를 접고 잠자리에 들었다

발걸음을 따라오던 출구의 빛이 사라질 무렵
어디선가 에코의 맑은 음색으로 울리는
길들이지 않은 짐승들의 온갖 숨소리 가득하다

자정 뉴스에서는 전봇대가 졸음에 못 이겨
티브이 화면을 모두 꺼 버리고
휴대폰도 제풀에 겨워 눈을 감았다 한다

텅 빈 우주에 울려 퍼지는 짐승들의 울음소리는
희고 푸른 불길이 되어 동공을 밝힌다
기름이 번질번질한 자작나무 형틀이 보이고
오래전에 잡혀 온 노련한 연금술사들의
행복하게 영면한 흰 뼈들이 보인다

만나고도 서로 알아보지 못하는 두 풍경은

오늘도 동굴 문 앞에서 마주보며 웃고 있다

–「낙타와 모래꽃 4」 전문

위의 예시에서 보듯 시 「낙타와 바람꽃」은 현실과 환상, 현재와 과거, 의식과 무의식이 몽타주처럼 접합되어 있다. 시인이 머무르고 있는 동굴은 "어둠"을 동반하지만 깊이 들어갈수록 "짙어지는 건 밝음이다". "오두막집 등불들이 길을 밝히고/기화요초들이 낯선 웃음으로 반긴다". "에코의 맑은 음색으로 울리는/길들이지 않은 짐승들의 온갖 숨소리 가득하다". 그곳은 원시의 장소, 원초적 공간이자 자신을 직시할 수 있는 공간이다. 이 원시의 공간은 인간이 이루어놓은 문명과 상충할 수밖에 없다. "버스" "전철" "티브이" "휴대폰" 등 문명의 이기 내지는 물질을 만나면서 갈등하는 곳이다. 그러나 시인은 이 갈등의 과정을 지켜보면서 문명을 곡해한다거나 현실을 위기의식으로 과장하지는 않는다. 다만 원초적 생명력이나 원시의 공간을 정신적 차원에서 우위에 두기에 문명은 "엔진을 식히고" "잠자리에 들고" "화면을 모두 꺼 버리고" "제풀에 겨워 눈을 감"는다고 표현한다. 원시적 풍경과 문명의 풍경은 "만나고도 서로 알아보지 못"한다 함도 어쩔 수 없이 공존하지만 서로 이질화해 있음을 표현한 것이다. 그런 상황을 시인은 연의 배열을 달리해 보여주고 있으며 이는 신선한 시적 발상의 효과를 얻고 있다.

시인이 현재 거처하는 장소인 '동굴'은 원시의 공간이기도 하지만 문명의 이기들과 공존하는 문명의 공간이기도 하다. 하지만 이 공간은 현대문명에 길들이면서도 정신세계를 지향하는 문제에 놓여 있다. 아니 그 공간에 거주하는 시인이 정신적 추구를 하고 있는 것이다. “눈만 감으면/만원 전철을 타고도” 정신적 지향의 처소로 향하고자 한다. 그러나 그곳은 “생애 단 한 번도 도달하지 못한 곳/눈물 속에 꿈꾸어도 가 닿지 못한 곳”이다.(「낙타와 모래꽃 9」). “찔레향기”가 남아 있는 곳이다. 달리 말하면 어떤 단서나 실마리의 물증은 없고 추측과 기억만 존재하는 곳이다. 그래서 “더는 갈 수 없”음에도 시인은 그것을 드러내놓고 안타까워하거나 슬퍼하기보다는 “나는 행복하다”(「낙타와 모래꽃 10」)고 역설로 대변한다.

그렇다면 그토록 시인이 닿고자 하는 저 먼 정신적 세계, 혹은 대상인 ‘모래꽃’은 언제쯤 만날 수 있을까. 그것을 손에 잡거나 그것에 닿기 위해 시인은 어떤 생의 경로를 거쳐야만 하는 것일까.

행여 아무도 찾지 않기를
길을 잘못 든 철새 한 마리 날아 들 뿐이기를
문설주에는 먼지가 켜켜이 쌓이고
바닥엔 절지동물 몇 마리가 한가로이 기어 다니기를

감히 틀고 앉지 못하는 성스러운 가부좌 곁에다
게으른 육신 한 켤레 벗어 놓고
오만한 오감에 절어 빠진 오장육부를
육각수 냇물에 씻어 헹궈 말린 다음에야

골방 문 밖을 나설 수 있기를

숨 막히는 출소일에는
눈두덩이 부서지는 햇살 대신에
맑은 달빛 받은 소금 한 됫박이 정수리를 타고 내려
발가락 끝까지 온몸을 씻고 가슴마저 씻어
백 년 동안 썩어 문드러진 정화수 한 모금 얻어 마시고
동굴 문을 기어 나갈 수만 있다면

-「낙타와 모래꽃 16」 전문

위의 시에서 보듯 "동굴 문"을 나서는 “출소일”에나 ‘모래꽃’을 만날 수 있을 것 같다. 이는 결국 생의 길에 비추어보았을 때 죽음에 이르러서야 가능한 것으로 추측된다. 문을 나서는 출소일은 바로 죽음이다. 동굴 밖의 동경하던 세상은 생의 길의 마지막 선상에나 가능한 것으로 보는 관점 때문이다. 그러나 그것이 죽음이라고 해서 소멸이라고 인식하는 것은 섣부르다. 그것은 “게으른 육신 한 켤레 벗어 놓”는 영혼의 자유로움에 드는 길이다. 노동과 땀인 “소금 한 됫박”을 거쳐 정신적으로 거듭나는 과정이다.

“숨 막히는 출소일에는/눈두덩이 부서지는 햇살 대신에/맑은 달빛 받은 소금 한 됫박이 정수리를 타고 내려/발가락 끝까지 온 몸을 씻고 가슴마저 씻어/백 년 동안 썩어 문드러진 정화수 한 모금 얻어 마시고/동굴 문을 기어 나갈 수만 있다면”은 시인의 자서이자 고백이다. 또한 시집 『낙타와 모래꽃』의 절정이자

결말이 되지 않을까 생각해본다.

그렇다면 앞서 언급했지만 시인이 죽음을 바라보는 시각은 어떤가. 시인은 죽음 자체를 상실감이나 무력감 혹은 인간의 한계로 보기보다는 삶의 번잡함을 잘라낼 수 있는 깨끗한 경지로 보고 있다. 이는 달리 말하면 자아정체성을 확인하는 과정으로 인식하는 관점이다. 삶과 죽음 양쪽 모두를 성찰하면서 깨끗한 영혼이 거주할 동굴 밖을 찾아가는 과정의 마지막 죽음은 소멸이나 한계가 아니라 내적 아우성을 거쳐 도달한 최고의 지점이자 최상의 장소라 하겠다.

자신의 내면 성찰이나 자아 찾기에 몰두하면서도 시인은 주변을 돌아보는 일 또한 중요한 임무로 여기는 듯하다. 사람 사는 세상의 의미 있는 풍경을 잡아내 다채롭게 정情적인 무늬를 입히기 때문이다. 세상에 시가 아닌 것이 없다는 말처럼 시인은 어떤 대상을 만나든 그만의 시각을 입혀 시적 형태로 탈바꿈시키는데 가장 가까운 가족에서부터 반려동물, 그리고 친한 선후배, 그것을 넘어서 사회의 아픈 일면까지 두루 살피는 성정을 지녔다.

이는 시가 삶을 노래하지만 아름다움만을 담는 것이 아니라 소외되고 측은하고 아픈 현상이나 대상을 시적 대상으로 한다는 것을 보여주는 좋은 예다. 때로는 삶의 왜곡된 부분이나 정서까지도 감정을 입혀 새로운 모습으로 형상화하거나 이미지화하는 것이다. 일상에 끼어드는 이런저런 불순물을 걸러내 시인의 자기정화로 거듭나는 시는 그래서 더욱 높은 의의를 가진다.

지난여름은 비옥했네 소매를 스쳐 영영 가버렸기에 더욱
목마른 대지를 흠뻑 적신 소나기 천둥 번개 무성했던 여름날은
어느새 저물고 오늘은 매운 국화 향기 마시며 너에게로 간다

그믐달 아래 창백한 부끄러움으로 몸을 감싼 채 그녀는
시들어가는 안개꽃 한 다발을 침대 난간에 걸어 두었더군
이승과 저승이 겹쳐 보이는 창가엔 눈물만 얼룩진 게 아니었어
마지막 연자색 노을빛이 제법 어여쁘게 우러나오던 걸

나는 허리춤에서 숨 쉬고 있는 살점 한 덩어리를 떼어내
그녀의 몸 깊숙이 묻어 놓고는 하얀 병실 문을 닫고 나왔지
어둠이 내린 하늘을 치어다보니 지난여름의 멍울과 상처들이
검붉은 살점을 태우며 이제 막 불꽃놀이를 시작하고 있지 뭔가

—「너에게로 가는 길 2」

"나는 허리춤에서 숨 쉬고 있는 살점 한 덩어리를 떼어내/그녀의 몸 깊숙이 묻어놓고는 하얀 병실 문을 나왔지". 시인은 만성신부전증을 앓고 있는 아내에게 자신의 신장 한 쪽을 떼어주던 날을 회상한다. 몸의 일부가 아내에게 이식되어 둘이 하나로 만난 그날, 비몽사몽의 잠 속은 "연분홍 진달래가 지천이었"고 "가슴이 온통 구름 사탕으로 녹아들"어 "그녀의 영혼"이 "나의 육신"이었다고 시인은 고백한다.(「너에게로 가는 길 1」)

생의 봄과 여름을 보낸 뒤 "매운 국화 향기 마시"는 가을 "그믐달"처럼 창백하고 "노을빛"에 익숙해 있던 아내의 몸과 일부

가 된 그날은 "거짓말처럼 평안하"며 "절벽 위로 날아오른 혼백은 참으로 죽음처럼 행복하"다고 시인은 말한다.(「수술실에서」)

가슴 뭉클한 사랑이 전해오는 뜨거운 울림은 시인 일상의 따뜻한 일면을 보여줌과 동시에 현대의 난해성과 비정성의 파도 속에서도 좌초되지 않는 끈끈한 가족애를 보여준다. 이러한 따스한 시적 정서는 반려동물에게까지 고이고, 기르던 강아지의 죽음을 슬퍼하는 시 「강아지 나무」와 현재 함께 사는 강아지에 대한 시 「거지 공주」에서도 쉽게 찾아볼 수 있다. "오금저리도록 무서운 사랑이라면/사람 나라 짐승 나라가 어찌 다르겠습니까"(「거지 공주」)라는 구절은 사람이나 짐승이나 사랑의 눈과 마음은 같다는 것을 보여준다.

또한 시인은 밖으로도 따스한 눈을 돌려 사회의 여러 아픔들을 함께 아파하는데 '천안함 사건'과 '구제역'을 다룬 시들이 그 예라 하겠다.

> 그리하여 바다여/사나운 바람, 차가운 물결이여/이제 그들을 풀어 주시라/비원의 자물쇠를 풀고 놓아 주시라/당신의 손끝에서 곧 따사로운 봄길 열리듯/그들의 못다한 꿈길 열어 주시라/아직 다 풀지 못한 눈물과 한숨/모두 후련하게 씻어 주시고/아직 다 불태우지 못한 사랑/모두 가득 채워 주시라//자애로운 하늘이시여/바다의 혼백으로 다시 태어날 그대들이여/당신들을 죽음의 깊은 수압에서 건져내지 못한/우리들의 무위무능無爲無能을 꾸짖되/차갑고도 너그러운 눈물로 용서하시라/단지 태만한 자 있거든/다만 교활한 자 있거든/물결 뒤에 숨어 웃는 자 있거든/결코 용서하지 마시라
>
> –「천안함이여 말하라」 부분

부드러운 속눈썹/물기 어린 눈동자/그 착한 눈망울을 어찌 지우겠느냐/조선의 한 여인네는/티끌만 한 바늘 하나 부러트리고도/유아이사由我而死라고 울었다/우리들의 죄로구나, 업보로구나/나도 운다, 산천도 운다/(중략) 그러나 그러나 정녕 어쩌랴/워낭소리 목줄이랑 고삐랑 모두 풀어 놓고/이제 다시는 이승 돌아보지 말아라/끝이 보이지 않는 들길로 떠나거라/이천십 년 전 슬픈 이 땅에 오신/12월의 신께로 가거라/이승의 아픈 목숨 모두 어루만지는/4월의 신께로 가거라

-「착한 눈망울을 애도함-떠나는 소들에게」 부분

위의 예시에서 보듯 윤고방 시인은 서정의 운행을 따라가면서도 현실에 대한 팽팽한 인식을 놓지 않는다. 아픈 현실을 바라보는 시인 또한 아프다. 어두움이나 비정에 가지를 덧댄 이가 아니고서야 어디 고통을 고통으로 아픔을 아픔으로 표현하지 않을 수 있겠는가만 묵묵히 생의 길을 걸어가면서도 밝음보다는 뒷면을, 어쩔 수 없는 운명적 서사를 깊은 내면에서 건져 올려 절절하고 진솔하게 표현해내는 것이다. 풍요로운 물질과 현란한 영상의 자본주의 시대, 노동의 신선함이나 뜨거운 가족애나 소외된 계층에 대한 따스한 시선이 은폐된 이즈음, 소명처럼 사회현상을 직시하고 감정을 공유하는 시인에게서 다시금 시인의 도리와 역할을 되새겨보게 된다.

시인은 삶을 결코 편안한 것으로 간주해 거기에 안주해버리지 않고 안정된 순간에도 스스로를 긴장시킨다. 그런 태도가 밖

으로 눈을 돌리게 하며 시대의 아픔을 공유하는 것이다. 또한 이런 시인의 시선이 시 쓰기의 한 방편이 되기도 한다. 시인의 인식의 바탕에는 개인과 사회가 동등한 위치에 배열되어 사회의 모순과 불합리가 시인과 절대 무관하지 않다는 현실참여의식이 시적 동기가 되는 듯하다.

자연은 시적 소재로 오래도록 사랑받아왔고 앞으로도 계속 그 수위를 고정시킬 것으로 짐작되는데 시인도 예외 없이 자연에서 많은 시적 소재를 끌어온다. 자연의 역사는 실로 아득해서 인간사의 배경이 됨과 동시에 주체가 되기도 한다. 장구한 역사의 자연이 인간사 틈새에 어느 순간 끼어들고 접목해 이제는 불가분의 관계가 된 지 오래다. 자연의 신비감과 정직성과 아름다움이 시적 요소가 되는 것이다. 그러나 사실 문명을 제외한 모든 것이 다 자연이라 할 수 있기에 시적 소재는 무궁무진하다.

양평에 화실 겸 농가를 짓고 시詩, 도陶, 화畵에 열정을 바치는 준농부인 시인의 시편들 중 한 편만 예시로 선보인다.

> 편한 세상도 귀찮고/멋들어진 책상 일도 진력나고/에라 시골 가서 농사나 짓자/행여 그런 말씀 마시게//농사라는 게 뭐 그리 대순가 하겠지만/사랑하는 마누라 손톱 밑에다가/다홍색 봉숭아물 대신에/흙물 때국물 들여 주는 거야말로/호사로운 치장일세/숨 찬 밀짚모자 안팎으로는/줄창 소금 땀물이 냇물로 흘러도/목구멍 말라 비틀어진 노랫가락이/흥얼흥얼 나와야 하는 걸세//하루 종일 허리 운동을 하고 나서/굳은 살 박힌 손바닥을 펴 보면/장바닥에 내다

팔 건 도무지 없고/뽀얀 흙먼지밖에 남는 게 없어도/저녁 밥상에 둘러 앉아/생글생글한 푸성귀 한 잎 씹으며/행복이라는 모래알이 목구멍에 걸려야/그게 바로 일등 농사꾼이란 말일세

–「행여 그런 말씀 마시게」 전문

시적 서정의 요소를 두루 갖춘 시인은 이미지묘사에도 충실하다. 시인이라면 소홀할 수 없는 이미지는 상상력과 결부되어 시를 한층 더 높은 차원으로 끌어올리는 역할을 한다. 시는 대부분이 다 아는 객관적 사실을 넘어 보다 새롭게 형상화가 되어야 한다고 말한다. 새롭다는 것은 아무도 시도하지 않은 시적 상상이 필요하다는 뜻이다. 상상에만 그칠 것이 아니라 적절한 비유와 이미지를 동원해 새로운 것으로 만들어야만 한다. 그렇다고 자연이나 우주의 질서를 전복하는 상상이 아니라 진실에 합당한 상상이어야만 하는데, 시인은 이 점을 충실히 이행하고 있어 보다 높은 시적 미학을 얻고 있다.

외눈박이 거인은
하늘거리는 여인의 나신을
양 손에 받쳐 들고
어둠의 깊은 벽 속으로 들어가서는
눈부시게 밝은 침대에 누인다

다시는 돌아올 수 없는
낭떠러지 꼭대기에 도달한 거인은
여인의 빛나는 육신을 번쩍 들어올려

외눈과 함께 서녘 하늘에 던진다

은하수가 벗어 놓은 오선지로부터는
밤새도록 천사의 별들이 쏟아지고
운석이 던지는 한 줄기 빛이
한 방울의 눈물로 화하는 찰나
새로운 별 하나 태어난다

빛나는 유리 구두 한 짝이
문 밖에 뒹구는 새벽

-「유리 구두 한 짝」 전문

새벽녘의 하늘을 묘사한 시 「유리 구두 한 짝」은 앞서 언급한 것처럼 이미지에 충실하다. 다른 시들도 예외가 없어 시인의 시편들은 이미지를 차용해 시를 보다 선명하게 그려낸다. 마치 그림을 보듯 와 닿는 풍경이다.

"외눈박이 거인은/흐늘거리는 여인의 나신을/양 손에 받쳐 들고/어둠의 깊은 벽 속으로 들어가서는/눈부시게 밝은 침대에 누인다". 하루가 저물어 밤이 든 풍경이다. "외눈박이"는 달의 비유다. 아마도 보름달은 아닌 듯하다. 달이 떠오른 밤하늘, 즉 "외눈박이 거인은" "하늘거리는 여인의 나신" 달리 말해서 저물어가는 하루를 안아 어둠에 든다. 그러나 "밝은 침대"라고 한다. "은하수"가 흐르는 그곳은 "별들이 쏟아지"기에 밝으며 그 속에서 "새로운 별 하나 태어난다". 그 별은 새벽별인 금성이다. 일명 '샛별' 이라고 불리는 이 별은 새벽녘까지 밤하늘을 밝힌다. "빛나는 유리 구두 한 짝이/문 밖에 뒹구는 새벽"은 샛별이 하늘을 새벽까지 밝히고 있는 모습을 묘사한 것이다.

이처럼 이미지는 소홀할 수 없는 시적 요건이지만 자칫 현란한 이미지라든가 과잉의 수사학적 장식은 시의 의미를 왜곡시키거나 흐릴 수 있다. 절제된 이미지가 오히려 시를 한 차원 높이고 시의 본질에 좀 더 가깝게 해준다는 점에서 시인의 시들은 좋은 예가 된다.

3.

다중인격체로 살아가야 하는 현대인은 온전한 자아를 해부당하기도 하고 구체적 목적을 상실한 채 고독 속을 헤매기도 한다. 그리하여 근원적으로 고독이나 상처를 치유하기 위한 시 쓰기와 존재론적 방편으로서의 시 쓰기를 필요로 한다. 그러기에 시인은 늘 주변을 돌아보며 세상의 아픔을 읽어내는 영혼의 눈을 지녀야 한다고도 한다. 이를 위하여 시인의 구체적 경험이 다채로운 무늬를 입어야 하고, 시적 대상에 나름의 아름다움을 입혀야 한다. 본래의미가 변질된 형식의 언어가 아닌 생동감 넘치는 본연의 언어로 시적 대상을 드러내야 하는 것이다.

불안한 시대를 건너와 이제 지나온 세월을 들추는 생의 이런저런 기억들은 미련과 여운을 동반해 때로 그리움과 아쉬움으로 다가서기도 한다. 또한 적막과 회한을 불러오기도 하지만, 기억을 바라보는 시각은 과거에 한정된 기억 자체로만 저장되기보다는 현재를 유지하는 힘이 되기도 한다. 완전히 지우지 못한 과거의 흔적이 때로 회한과 상처로 남는다 하여도 기억은 현재 자신의 동일성을 확보하는 데 중요한 역할을 하기 때문이다. 이 또한 삶에 애정의 끈을 연결시키는 시인의 시적 의미라고 할 수 있다.

윤고방 시인은 그런 점에서 충분한 시적 자질을 겸비하고 있다. 그는 언어에 충실한 시인이다. 시편에서 전달되는 시적 사유와 그것으로 얻어지는 생의 진지함은 독자를 시적 대상에 몰입시키고 감정과 정서를 공유하게 한다. 그리하여 앞서 언급한 시적 의미를 진지하게 찾아내 선보인다. 시인은 외부의 현상과 내면의식이 접하는 지점에서 갈등하고 괴로워하지만, 그 과정에서 도출되는 생의 의미를 섬세하게 끌어와 새로운 심적 공간을 만들고 결국엔 감동으로 연결시킨다.

시인은 직관으로 시적 대상을 들여다보되 그 속에서 삶의 의미 내지는 의도, 혹은 삶의 빛을 발견해내는 안목을 지녔다. 이는 대상에서 사물과 삶의 본질 내지는 삶에 대한 좀더 깊은 투시력으로 일상적 소재를 신선한 미적 공간으로 형상화하는 능력과 상통한다. 시적 대상 뒤의 숨은 깊이를 시인 나름의 인식으로 읽어갈 능력을 지녔음이며 이것이 시를 특징짓는 요인으로 작용한다고 할 수 있다.

시적 대상에서 생의 깊이를 읽어내고 그것을 헤아려 또 다른 의미로 유출해내는 것은 삶의 적막함, 쓸쓸함, 비참함, 혹은 아름다움 등 다양한 시적 공감에 이르게 하는 길이기도 하다. 이렇듯 삶의 기쁨 내지는 안타까움 등 다양한 정서에 감성의 줄을 대고 있는 시인의 시들은 충만한 내면의식을 보여준다.

젊음을 바삐 돌아 생의 오후의 시간대에 이르러서 달려온 길을 잠시 멈추고 왔던 길을 되돌아보는 시인. 각박한 세상살이에 마음이 메말라서 어딘가에 기대고 싶어질 때, 쓰린 가슴으로 누추한 곳을 헤맬 때 시인은 부드러우면서도 단단한, 세상을 읽어내는 예민한 감성으로, 그 고요한 아름다움으로 거칠고 딱딱한 아픔을 따뜻하게 녹여 단아한 시 한 편을 탄생시킨다. 시집 『낙타와 모래꽃』을 통해 드러낸 시인의 시세계는 생의 상처를 정면으로 들여다보면서도 조심스럽고 정갈하게 아픔을 표현해내고 아름다움으로 승화시킨다.

시집 『낙타와 모래꽃』은 삶의 무게를 측정하는 언어로서의 시뿐 아니라, 마음의 도구로서 시적 주체인 시인의 진솔함을 동반하며 시적 정신을 발산하고 표현해낸다. 이는 시인의 시적 인생의 간증이자 고백이라 할 수 있다. 삶의 에움길을 통과하며 스스로 외로워하고 고민하고 그것을 극복하고자 애쓰는 시인 생의 가장 고조된 순간들에서 곁가지를 쳐내 다듬고 정제한 화음이라 할 수 있다. 그렇기에 부드러우면서도 단단하고 세상을 읽어낼 줄 아는 이에게서 배어나오는 낭만적이면서도 지적인 아름다움, 따뜻함이 시인은 물론 독자까지 감싸 안는다.

세상을 돌며 그에게 달라붙는 아름답거나 애처롭거나 측은한 것들과 수없이 대화를 나누고 순간순간 그것들로 인해 생성된 정서를 따뜻한 눈으로, 마음으로 그대로 옮겨온 시집 『낙타와 모래꽃』의 작품들은 시인이 자신만의 동굴에서 공들여 빚은 자기성찰의 기록이다. 그 기록을 우리들은 함께 공유하며 시인의 정신적 세계와 따뜻한 정서에 감동으로 물들어간다. 세 번째 시집 『낙타와 모래꽃』의 다양한 시영역과 시들에게 축하와 경의의 표시로 손을 내밀어본다.